机にたまった名刺が売上にかわる

3ステップマーケティング

3 STEP MARKETING

自動で売れるセールスの仕組みを作る方法

LINE公式アカウント×Lステップ

冨田 竜海
Tomita Tatsumi

●はじめに

本書を手にとっていただきありがとうございます。

この本は、現在あなたが行っている事業をもっと成長させていきたい、よりお客様に満足いただける商品やサービスを提供したいという成長意欲の高い経営者やマネージャー層の方々に向けて、現代の日本人が最も触れる機会の多いデジタルインフラであるＬＩＮＥ公式アカウントを活用し、これまで何枚と交換しては貯め続けてきた名刺に記載のある方々と再び関係を構築し、ビジネスに繋げるまでの具体的なノウハウを一冊にまとめました。

業種・業態によって、少しずつ調整が必要ではありますが、基本的に大切な考え方は全て同じです。

見込み客との出会いを大切にし、ご縁があった方々に対して定期的な情報発信を行い、価値ある情報を先にギブすることで信頼関係を構築し、商品やサービスを販売を通じて最終的には相手の課題を解決すること。

これは今後世の中がどんなに便利になろうが、どんなツールが生まれようが決して変わらない真理だと思います。


この本に書かれていることは、ＬＩＮＥ公式アカウントなどのツールが生まれる以前は人がアナログで行っていたことを最適化したものばかりです。

見込み客や既存顧客のリストを集めること、リストのニーズを汲み取り定期的に有益な情報を提供すること、商品やサービスを購入してくださったお客様に対して満足いただけているかヒアリングを行ったり、定期的にケアを行うこと、お得意様に対して特別な商品やサービスを用意し更に満足していただくことなど。

これらは全て商売という概念が生まれたころから一部の優れた商売人達が行ってきた手法です。


人手不足の現代において、これらを全てアナログで行うのはなかなか大変ですが、あらゆるツールを活用することで、本来全て手作業で行っていた作業のかなりの部分を効率化することができます。

そして、その浮いた時間やコストを使い、顧客満足に繋がるサービス提供や商品開発、カスタマーサポートなどに当てることで、確実にお客様満足度を高め、最終的には事業を成長させていくことが可能です。

僕はこれまであらゆる業種・業態の企業に対してコンサルティングを行ってきましたが、不調な業界においてもどんどん業績を伸ばしている企業もあれば、右肩上がりの成長産業であるにも関わらずたった数年で消えていく企業もたくさんあります。

伸びている企業の共通点といえば、やはり既存顧客を大切にしていること。そして、時代に合わせて商品やサービスはもちろん、見せ方や提供方法、集客方法など常に改善を繰り返していることだと思います。

せっかくこの本を手にとってくださったからには、何か一つでも実践いただき、仮に上手くいったとしても上手くいかなかったとしても、なぜそういう結果になったのか分析し、改善を繰り返してみてください。

優れたマーケティングは一朝一夕では出来上がりません。

何度も何度もトライアンドエラーを繰り返し、どうやったらもっと良い結果が出るのかを悩み抜いた先に少しずつ精度が高まっていくものです。

もし、この本で紹介している内容について疑問・質問などあればこちらのQRコードよりLINE公式アカウントに友だち追加いただきメッセージをいただければ、何度でも無料で回答します。

ぜひあなたのビジネスに当てはめながら本書を読み進めてください。

Chapter 01

貯まりに貯まった名刺が売り上げに変わる

Chapter 02 自動で売れるセールスの仕組みと商品構成

Chapter 03

ＬＩＮＥ公式アカウントでセールスの自動化

Chapter 04 名刺獲得からLINEの友だち追加をしてもらうまでのフロー

Chapter 05

LINEの友だち追加から集客商品セールスまでのフロー

Chapter 06 継続的に関係性を高めて収益商品をセールス

2大特典!!!!!

『LINE公式アカウント運用アイディア135選』
『LINE公式アカウント活用無料コンサルティング』

LINE公式アカウントを運用するうえで、 以下の3つのポイントをしっかり抑える必要があります。

・どのように友だちを集めるか?

・友だちに対してどのような配信を行うか?

・配信を通じてどのようにセールスに繋げるか?

とりあえず友だちを集めて、 何となく配信し、 気まぐれでクーポンを送るといった運用ではなく、 ゴールから逆算した運用計画を考えたうえで戦略を立てると成果に繋がりやすいです。

本書でもいくつか具体的な事例を紹介しましたが、 弊社でクライアントをサポートする際によく活用しているLINE公式アカウント運用アイディア135選を無料でプレゼントしますので、 ぜひ活用ください。

また、 日常生活を送るうえでも街中の広告物やお店のポップ、 TVコマーシャルなどで優れたアイディアがないか探してみてください。 優れたアイディアを見つけたらどうしたらあなたのビジネスに取り入れることができるか、 どのようにLINE公式アカウントを掛け合わせるか、 そういった日常の思考習慣がキラリと光るマーケティング施策を生みます。

もし、 あなたが今解決したい課題をLINE公式アカウントを使って解決出来るのか知りたい、 相談したいなどあれば本書を読んでくださった方限定で無料のZOOMコンサルティングを行います（最大1時間程度)。 ぜひ、 こちらのURLよりお問い合わせください。

https://liff.line.me/1656295840-ZMNyox3E/landing?follow=%40768oenjq&lp=E212lj&liff_id=1656295840-ZMNyox3E

Chapter 1

貯まりに貯まった名刺が売り上げに変わる

Section 01

貯まりに貯まった名刺は宝の山

名刺を受け取っている人は一度は面識がある人

突然ですが、社会人になってからこれまでの間にあなたは何枚の名刺を受け取りましたか。

名刺アプリを運営する企業が２０１９年に全国のビジネスパーソン５００名に対してアンケートを実施したところ、一人のビジネスパーソンが一年間に交換した名刺の数の平均は、東京都で３１７枚、奈良県で３０６枚、沖縄県で３０３枚という結果だったそうです。名刺交換の量はお住まいの地域や業種によっても差があるかと思いますが、これまでに交換した名刺が会社や自宅に貯まっているという人も多いと思います。

名刺交換するタイミングというのは、直接、人と会ったときがほとんどですので、今、手元にある名刺は、何かしらの機会に一度以上はあなたと顔を合わせている人から受け取ったものが大半だと思います。顧客の名刺、何かの機会で見込み客から受け取った名刺、異業種交流会、セミナー、講演会で出会った人、何か新たなグループに所属するタイミングであいさつした際に受け取った名刺もあると思います。

どんなタイミングで交換した名刺であったとしても、自分と一度は面識がある人たちなわけですから、その後に連絡をとる機会がなかったにしても、こちらからのアプローチはかなりしやすいはずです。

●新規の集客だけでは継続的な売り上げアップは難しい

コンサルティング業を仕事としていると、当然、クライアントから「売り上げを上げたい」という相談をいただきます。そのうちの九割九分五厘の人たちが「新規の集客を増やしたい」と口を揃えます。たしかに新規の集客を頑張ることも大切ですが、それ相応の人的、金銭的コストがかかります。業種にもよりますが、売り上げを上げたいのであれば、新規の集客よりもまず既存客や過去に問い合わせのあった見込み客など何かしら接点がある人たちへの再アプローチが最適です。新規の集客を一人するためにかかるコストは、既存顧客に再び何かを購入してもらうときに比べて、5〜10倍はかかるといわれています。

たとえばエステサロンで新規のお客様を集めるためには、情報サイトに広告を出したり、ＳＮＳで情報発信をしたり、サロン周辺へのチラシの配布、集客のための企画や実務はもちろん問い合わせ対応から予約受付、アクセス案内、初回ヒアリングその他、数えきれないほどの労力がかかります。ところがこれらのほとんどは、二回目以降の利用者には省略できるものばかりです。三回目、四回目と利用回数が重なると、そのうちにお客様との間で「いつもの」で話が通るような、あうんの呼吸でコミュニケーションがとれることもあります。この考え方は、マネージメントの父と呼ばれるピーター・ドラッガーや世界トップレベルの経営コンサルタントの一人であるジェイ・エイブラハムなど、世界で活躍する経営者たちも口を揃えて言っています。

したがって繰り返しになりますが、今よりも売り上げを上げたいと思うのであれば、新規の集客に労力を注ぐよりも、過去利用していただいたことがある既存顧客や過去問い合わせをいただいたことがある見込み客、そしてすでに何かしらの接点があった人たち、つまり今あなたの手元に貯まっている名刺の山への再アプローチするほうが最適です。

今日、今この瞬間から、手元に貯まっている名刺に対しての意識を変えていきましょう。名刺をただの名前の書いてある紙キレだと思わずに、あなたにとってとても大切な宝であるということを胸に刻んでください。

●計算してみると名刺の価値は驚くほど高い

通常、顧客として迎えられるような見込み客のメールアドレスを手に入れようとすれば一メールアドレス一件につき1000円や2000円は平気でかかるといわれています。インターネットビジネスが一般的になってから、メールマーケティングにはそれなりに大きな実績がありますので、資本のある企業はそこに莫大なお金をかけることもいとわなくなりました。

でも考えてみてください。あなたがこれまで受け取った名刺には、その価格がつくほどの貴重なメールアドレスが記載されています。それだけではありません。事業内容や役職、家族構成や趣味、プライベートな情報まで含まれていることもあります。マーケティングを少しでも勉強している人ならそれらがどれほど貴重な情報か分かると思います。その一枚の名刺が具体的にいくらの価値があるのかは、それぞれの経営者の考え方とLTV（顧客生涯単価）によって異なりますが、あなたの机の上に山のようになっている名刺は、かなりの資産であることは自覚するべきです。

このLTVとは、一人（一社）の顧客が生涯のなかであなたに支払ってくれる売り上げ総額のことです。その計算方法は「客単価×購入回数」。単純に考えても、このLTVが高ければ高いほど、顧客リストとして名刺一枚の価値は高くなります。

仮に1000枚の名刺にアプローチして、結果、顧問料が月三万円のコンサルティングサービスが0・1％にあたる一件申し込みがあり、それが三年間継続するとしたらどうでしょう。月三万円で36ヶ月なので、108万円がLTVということになります。これが0・2％だったら、月十万円のサービスだったら、アプローチする名刺が5000枚だったらどうでしょうか。販売する商品やサービスが高額であったり長期で継続されればされるほど、LTVは高くなります。

ぜひ、あなたの販売する商品やサービス、所有する名刺に置き換えて計算してみてください。

名刺はあなたにとって資産であり、宝であり、富の源泉です。これから名刺交換をする時は一枚一枚心を込めて交換し、大切に保管をしてください。

Section 02

個人情報をビジネスに活用しよう

●名刺の個人情報から売り上げにつなげる

いうまでもなく、名刺は個人情報のかたまりです。名刺を受け取ってから一度も連絡をとっていなかったとしても、その名刺に載っているメールアドレスや電話番号、住所、SNSなどの情報さえあれば、再び連絡をとる方法はいくつもあります。

名刺の情報から再アプローチして、そこから売り上げをつくるには何をどのようにすればいいのでしょうか。ここからはそのフローを簡単に説明します。

まずは名刺の個人情報を活用して連絡を取ります。理想は名刺交換をした直後、もしくは翌日などに何かしらのお礼のメッセージなどを送れると一番良いですが、久しく連絡をとっていないような場合には自分の存在を思い出してもらう必要があります。

メールを送る、ハガキを出す、SNSでつながってコメントやいいねをする、ダイレクトメッセージを送る、電話番号宛にショートメッセージを送るなど、まずはこちらから積極的に連絡をしてみてください。当然、しばらく連絡をとりあっていない間柄ですから、ここで連絡しても反応がもらえなかったり、情報が古くてつながらなかったりするケースもあるとは思いますが、なかには久しぶりに連絡をしたことを喜んでくれる人もいますので、できる限り相手とのエピソードを添えてメッセージを送ることが理想です。さすがに全てを覚えているわけではないと思いますので忘れないようにする方法としてオススメなのは、自分の名刺入れからいただいた名刺を出して整理するタイミングで、その人と出会ったきっかけなどをその名刺に書いておくことです。少し手間ですが、たったこれだけで、その後の関係構築にとても役立ちます。

再アプローチ後、自分の存在を思い出してもらえたら、次は相手の興味関心を想起させます。反応のあった人にはこちらの近況を伝えつつ、「最近のお仕事の状況はいかがですか」などと質問を投げ掛けていきましょう。100人にアプローチしてみて、たった一人しか返信が来なかったとしても、それでかまいません。その人が「実はこんなことで困っていて」とポロッと悩んでいることを聞かせてくれる可能性もあります。この段階でコミュニケーションをとる目的は、相手の近況を把握することと自分の直近の状況を報告することです。ガツガツ営業をする必要はないので、連絡をとっていなかったぶん、離れてしまっていた心の距離を近づけることだけを意識してください。

以前、僕も過去の名刺を活用して、年間1500枚の年賀状を書いていた時期があります。地元の郵便局に持って行くと、「手書きでこれだけの枚数を書いている人はおそらくあなたが日本一だと思います」と言われました。コストとしては僕の時間とハガキ代のみです。当時、飲食店を複数店舗やっていましたが、年賀状を送ったうちの一定数の人たちが、年賀状を見て来店してくれ、それぞれ少なくとも数千円～数万円の利用をしてくれました。

飲食店をやめた今でもその時のリストは大切に保管していて、何かしらの新サービスをスタートするたびに案内をしています。客単価でいえば数万円から100万円を超える発注までありますが、かなりの売り上げがこのリストから生まれています。

世間では「年賀状なんて今どき流行らない」とか「ペーパーレス推進」をうたって年賀状を廃止していく企業も増えていますが、そうなればなるほどあなたの書く年賀状の価値は高くなります。ハガキを書く時間と手間はかかるものの、費用対効果で考えれば驚くほど価値は高いです。

再アプローチをして相手とのコミュニケーションがとれる段階になったら、次はＬＩＮＥ公式アカウントに友だち登録（本書では以降友だち追加と示します）を促してください。相手の現状に役立つような商品やサービスをすでに持っている場合はスムーズに案内できますが、そうではない場合には、近況報告の延長線上で自社紹介の資料として友だち追加を促すとスムーズです。

友だち追加してもらったＬＩＮＥ公式アカウントでは、その後、商品やサービスを販売するための教育・誘導ツールとして使っていきます。

その方法については、本書のＣｈａｐｔｅｒ２以降でお伝えする手順にそって仕組み化を進めてください。机の上に放置されていた名刺の山は、半自動的にあなたの売り上げを上げていく宝の山になります。

Section 03

個人情報をビジネスに活用した成功事例

個人情報をビジネスに活用したクライアントの成功事例を紹介していきます。

事例1

新店舗のオープンを目前に資金調達が困難に。しかし手元にある個人情報を活用し、ひと月で700万円超の売り上げを達成。無事にオープンできました。

株式会社ルイール
代表取締役　八谷直美

北海道札幌市で温活と腸活で冷えをとりカラダの土台を整える「日本式健康美容」を謳うエステサロンのオーナー兼セラピストをしています。ありがたいことに昨年で創業から20年を越えました。

僕にはこの20年の過程で徐々に膨らんでいった夢があります。それはお客様にラグジュアリーな非日常的空間でお寛ぎいただき、健康を土台にしたトータルビューティーを提供できるサロンをつくるということです。

ちょうど創業20年を迎える年を目前にしたときに、この夢を実現できる可能性のある物件を見つけました。すぐさま数千万円の設備投資を決め、新しいサロンを開設する準備に入ることにしたのです。ところが、資金を払い込もうとする段階で、当時お世話になっていたコンサルタントから提案さ

● 株式会社ルイール　八谷直美さん

北海道札幌市でエステサロン経営・化粧品販売をしている

れていた資金調達方法が詐欺まがいのように思えることから納得がいかず、そのコンサルタントとの契約を解除しました。当然予定していた資金の工面ができなくなり、自力でお金を集めることになりました。

あらゆる限りの手を尽くし、残り７００万円をどうやって調達するかに悩んでいたときに、友人から冨田さんを紹介されました。支払い期限が二ヶ月後に迫っているという状態でいただいたアドバイスは、つきあいの濃さに関わらず、これまで一度でもつながったことのある人すべてに連絡を取るようにして、ＬＩＮＥ公式アカウントへの友だち追加を促すことでした。普段から付き合いのある友人知人はもちろんのこと、手元にある過去にいただいた名刺、残っている既存のお客様のカルテ、ＳＮＳのフォロワー、すでにやっているメルマガの読者様、そのすべてに自社で運営するＬＩＮＥ公式アカウントへの友だち追加を促し、そこから付加価値のある高額商品を案内して購入していただくまでの仕組みを作りました。

ＬＩＮＥ公式アカウントへの友だち追加を促すアナウンスは「新しいお店をオープ

ンします。オープンにあたりお得な情報をお届けしますのでLINE公式アカウントへの友だち追加をお願いします」とし、手元にある名刺やカルテの情報をもとに、ハガキ、メール、SNSへの投稿、そして個別メッセージで友だち追加を促しました。トータルで5000件ほどに案内を送ったところで、そのうちの10分の1の500人が、友だち追加をしてくれました。

販売する商品として準備したのは、一年間サロンに通い放題の15万円チケットと遠方のお客様向けに自社化粧品を3万円分パッケージした応援福袋セットの二種でした。これらの商品を販売することを目標にして、冨田さんのチームと構築したLINE公式アカウントを使って情報発信し、資金が工面できずにいる今の状況を正直にお客様にお伝えしたところ、驚くほどの反響をいただきました。すでに新店舗のオープンを心待ちにしてくださっていたお客様はもちろんですが何年もご無沙汰をしていたお客様や遠方にいらっしゃる方まで、想像を遥かに超える方々が通い放題のチケットを買ってくださり、お見舞い金をもってきてくださる方までいました。倒産寸前まで追い込まれていた僕にとって本当に嬉しく、皆様の応援に胸が熱くなったのを今でも覚えています。

商品を決める時に冨田さんからは「『15万円のエステ券を売る』という感覚は捨ててください。八谷さんを応援したいという想いとエステサロンに通い放題でお得であるという『感情』を売るんですよ」と教えられました。一年間通い放題ということは、お客様からすると月に1万2500円でエステに行きたいだけ行けるわけです。アドバイスのおかげで購入してくださったお客様に一年間通い続けていただくことを目標にして、温活・腸活でキレイになっていただこうと決めたのもよかったと思います。また、ここまでやってきたことによってお客様との間に信頼関係が構築できていることにも確信が持てました。

● サロンは寛げるラグジュアリーな非日常空間

事例2

欲しいと思ってくださるお客様と出会えて、その距離を急速に縮められる。すぐにお得意様を作れるのもこの仕組みの良いところです。

株式会社デリシャスフロム北海道
代表取締役　前田伸一

私は北海道出身の料理人です。北海道ニセコで訪日外国人向けのレストランのオーナーシェフとして活動しながら、日本初のジンジャービア醸造所を設立して商品化を成功させました。「ハッコウジンジャー」という商品名でジンジャービアを製造・販売しています。

私がこのジンジャービアに出会ったのは、オーストラリアで12年間、シェフをやっていたときです。ファーマーズマーケットに出店していた農家さんから自分で育てた野菜で作った自家製ジャンジャービアを飲ませてもらったときに、その美味しさに取り憑かれました。

　日本ではまだあまり馴染みはありませんが、ジンジャービアはもともとイギリスの家庭で作られていた自家製の飲み物で、300年も前から庶民の間で飲まれてきた伝統的な発酵飲料です。主な原料は、生姜、砂糖、ハーブ、水、そこに酵母を加えて発酵させます。イギリス人が入植していた時代にオーストラリアにも根付いたものだといわれています。

　私は料理人ですから、ファーマーズマー

● 株式会社デリシャスフロム北海道　前田伸一さん

北海道で発酵飲料製造・販売をしている

ケットで飲んだあの美味しいジンジャービアを再現したくて、試作を重ねました。何度も繰り返していくうちに少しずつあの美味しいジンジャービアの味に近づいてくると、料理とともにいただくワインやシャンパンの横にならぶノンアルコール飲料をイメージするようになりました。お子さまからご高齢の方、お酒を飲めない人も、その華やかさと味わいから、食事に舌鼓を打つその瞬間をより楽しんでいただけるような飲み物の完成を目指すことにしました。

　北海道に戻ってきてからは、素材にこだわったジンジャービアの開発に力を入れ、ニセコにジンジャービアの醸造所を造りま

● ジンジャービアは海外で親しまれている伝統的発酵飲料である

した。「ハッコウジンジャー」の主な原材料は、すべて自社農園と提携農家で栽培するオーガニック生姜とオーガニックレモン、唐辛子、蝦夷山桜酵母、ビートを原料にした糖蜜、水です。

丹精込めて作ったこのハッコウジンジャーを、北海道から日本全国、そして世界中の人に知ってもらうためにできることを考えていました。しかし、クチコミにたよるだけで世界中の人たちに飲んでもらえるまでになるなんて、何十年、何百年かかるかわからない。そこで自分なりにSNSを使った集客をやってみたものの、現在のよう

● 食事にもピッタリなハッコウジンジャー

にウェブ上に情報が溢れている時代では、どう頑張っても埋もれてしまうのが現実でした。当時のＳＮＳフォロワー数は、Ｉｎｓｔａｇｒａｍ３０００人、Ｆａｃｅｂｏｏｋは１０００人超くらいに育っていましたが、あまり手応えはありませんでした。広告などを使わずにＳＮＳで情報を発信して急速に認知を広げるなんて、ジャスティン・ビーバーにシェアしてもらうような特異な奇跡でも起こらない限り、難しいのが現状でした。

同じ頃、周囲の社長仲間たちのなかに、ＬＩＮＥをうまく活用して商売を広げている人がいました。自分もやってみたいなと思っているときに、友人の冨田さんがＬＩＮＥを活用するウェブマーケティングのコンサルティング業をやっていると知り、教えてもらったのがこの仕組みに出会ったきっかけです。

最初は正直、自分がこれまでやってきた商売のやり方と感覚的に違っていたので、すごく戸惑いを感じました。

たとえばですが、お客様から聞かれてもいないのに商品開発の背景を紹介したり、オススメとしてクリスマスやバレンタインなど季節感を出した商品をパッケージして案内したり、とにかく「攻めの姿勢」で配信することを提案してくるのが冨田さんですが、私はこちらからゴリゴリいかずに「ゆっくり時間をかけて信頼関係を築いていきたい」と思っていました。けれどもまず三ヶ月間は冨田さんの言われるままにやってみることにしました。すると、結果、驚くほど売り上げが伸びていったのです。

もちろんＬＩＮＥの取り組みだけではなく、今まで自分がやってきたことも加味されて結果に結びついた側面もあると思いますが、直近四ヶ月と比べて平均注文数が３００％、売上１８０％アップという結果に正直ビックリしました。

具体的には冨田さんのいわれる通りに、日常的につながっている人たち、過去に受け取っていた名刺、ＳＮＳのフォロワーなどを含めた手元にある全てのお客様情報に再アプローチしてＬＩＮＥ公式アカウントへ友だち追加を促し、友だち追加の特典として無料プレゼントやキャンペーンを実施しました。その他、アンケートを配信をして日常的にどんなお悩みがあるのか把握し、そこで得た情報をもとに商品開発や情報発信をしていきました。

しかし、売り上げは伸びているものの、お客様に「買って買って」とせっつくようなことはしたくないという自分のこだわりがまだ強くて、違和感と戸惑いは拭えませんでした。そこで、一旦、自分のやり方で情報発信をしてみることにし、商品への誘導や営業色が強い配信を止めてイベント情報やお役立ち情報などあまり角の立たない無難な配信に切り替えました。すると三ヶ月間であんなにも伸びていった売り上げが、ものの見事に落ちていきました。

結果的にとても落ち込みましたが、自分でもウェブマーケティングについて勉強して、冨田さんから提案された「自動で売れるセールスの仕組み」もしっかりと取り入れることにしました。その上で自分の価値観や想いも大切にしながら、LINE公式アカウントの運用をやりはじめたところ、違和感を抱えながらやった三ヶ月間以上に売り上げが伸びて、今現在もドンドン伸び続けています。

冨田さんに言われたのは「宣伝すること、売りに出ることは全然恥ずかしいことではないし、むしろ前田さんの商品を購入することで抱えていた課題が解決されたり、生活が少し豊かになったり、購入してくれたお客様のためになるんですよ。前田さんがどんなこだわりを持ってどんな商品を作っているのかを、求めている人に伝えられなければ、無いのと同じ。だからちゃんと宣伝して情報を伝えてください」と言われたのは、強く心に残っています。

私もそうですが、気になる企業がＳＮＳで情報発信をしていても、忙しいときはどうしたって見逃してしまいます。ＳＮＳで「イベントやりますよ」「新商品を販売します。明日発売で限定１００個です」と投稿されていても、なかなか見る時間がない。それであとから知って「いきたかったな〜」「ほしかったな」ということは、日常でも実際によくあります。

でもＬＩＮＥなら、既読にしなければ、ずっとスマホの画面上にメッセージが出続けます。空いた時間でそれをチェックをしたときに、もし近くで開催されているイベント情報があったり、悩みの解決ができるような新商品の販売情報があったりすれば、当然興味が湧きます。きちんと情報発信をしていることが前提ですが、見てさえもらえれば価値は感じてもらえると思います。

あとはどうやってその開封率を高めていくかが課題ですが、ＬＩＮＥ公式アカウントを使うと高い確率で開封してもらえます。リアルタイムで情報を届けることができるので、お客様との距離を急速に縮めることができます。初めてご購入いただいた人との間で個別でメッセージをやり取りできるので、あっという間にお得意様になっていただけるというのも、ＬＩＮＥ公式アカウントを活用して良かったと思うところです。

● LINE友だち限定商品の配信

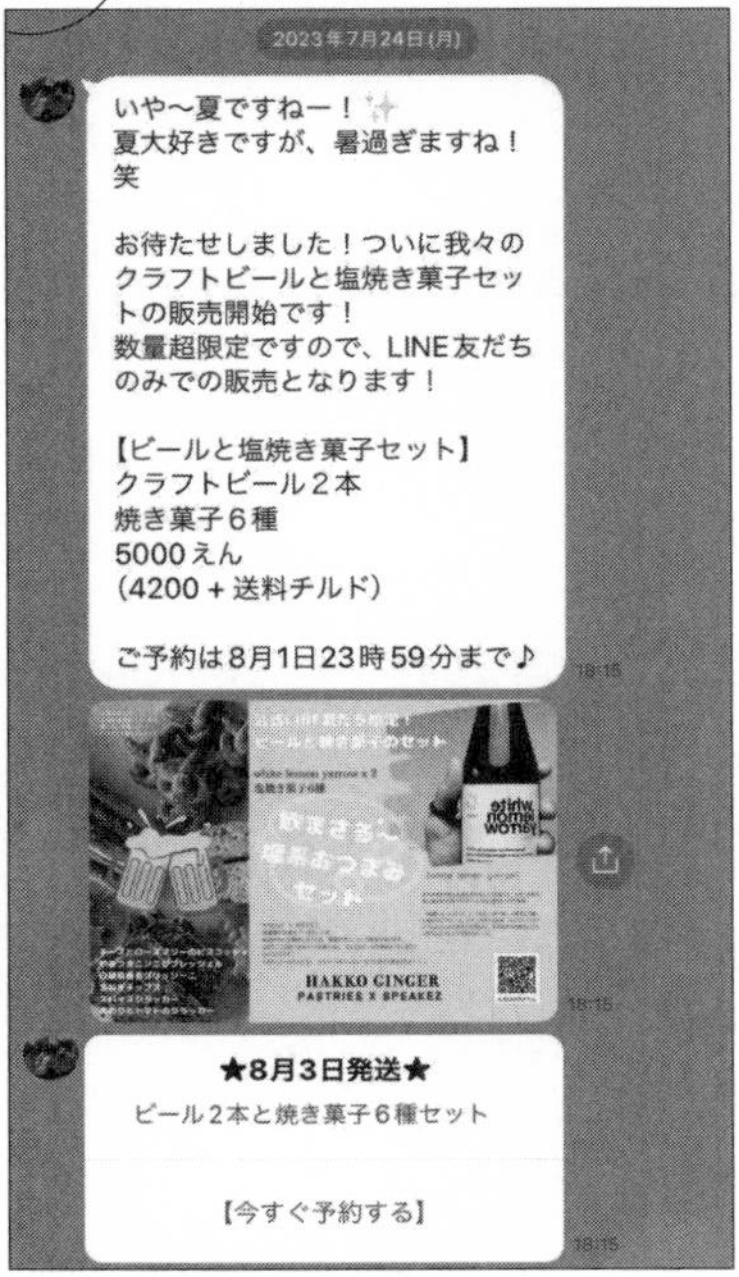

購入者の名前や配送先まですべてLINEで情報を受け取れる仕組みである

事例3

感染症禍を逆手にとって導入した仕組みが、新たな販路拡大に

株式会社コートーコーポレーション
代表取締役　大槻 紘之様

兵庫県西宮市で洋酒の輸入卸業を営んでおります。取り扱っているお酒は、看板商品のセルバレイジャパン社のラム酒を筆頭に、ワイン、スピリッツ（テキーラ、ジン・ラム・ウイスキー）、リキュールなど、私どもが世界中を巡って集めた美味しい洋酒の数々です。

お酒が好きな方ならご存知だと思いますが、国内では幕張メッセなどの大きな会場でウイスキーやワインの展示会が行われています。それと同じようにドイツやフランスでも洋酒の展示会が年に数回行われていて、そこに出向いて交渉したり、日本で出回っていないものはオーナーに直接連絡を取ったりすることもあります。いいものを

見つけて、直接現地まで買い付けに行って交渉し、輸入したものを国内の問屋に卸すのが私どもの仕事です。

ここ数年のコロナ禍では、飲食店が営業できなかった期間もありましたので、当然、卸先からの発注も激減していました。その渦中に、当社で扱っているラム酒の北海道エリアへの販路拡大に関して数年前にサポートをいただいた冨田さんからご連絡をいただきました。

私どもで輸入した洋酒の卸先は、全国の酒販店や問屋です。その先にバーやレスト

● 株式会社コートーコーポレーション　大槻紘之さん（右）

兵庫県でワイン・スピリッツ輸入卸売をしている

ラン、ホテル、スーパーがあって、さらにその先に実際に消費するエンドユーザーがいる。結局、卸先に仕入れていただくことで私どもの商売は成り立つわけですが、コロナ禍で外食の機会が減っていて家飲みの需要が増えている状況下でしたので、卸先だけではなくその先にいるエンドユーザーにも当社で扱う洋酒の情報を届けたらどうか、と冨田さんからアドバイスをいただきました。弊社では従来から卸先に対してカタログやサンプルを持って営業にいくという業界では最も一般的なスタイルで販売促進を行なっていました。しかし、この時に冨田さんから提案いただいたのは、それと

● セルバレイ社のラム酒など世界の洋酒を扱う卸業をしている

はうってかわって、私どもから配信した洋酒の情報を持って一般消費者が小売店に行き、「このお酒ありませんか？」と問い合わせを入れさせるというものでした。このような問い合わせが重なれば、当然、小売店から卸先に問い合わせがいき、最終的には私どもに注文が入るという、これまでとは真逆の斬新なイメージで非常に驚きましたが、会社の窮地だったこともあり、新しい試みとして受け入れることにしました。

あわせて、これまでやってこなかった小売業もはじめることにしました。お酒に限らずですが、日本の小売業は昔ながらの流通システムのなかにあるので、私どものような卸業のものがエンドユーザーに直接販売をするというのはタブーといわれていました。しかし感染症禍のような時世でもありましたし、幸い小売業の免許も持っていましたので、自社サイトをつくって小売業を始めることにしました。それに、これまでになかったエンドユーザーへの働きかけは、直接お客様の声を聞くチャンスでもあり、コロナ禍による販売不振を乗り越えたあとには、新たな販路拡大の可能性にもつながるであろうとも考えました。

また、冨田さんが提案してくれたＬＩＮＥ公式アカウントとＬステップを組み合わせた「自動で売れるセールスの仕組み」ができれば、いまだファックスや電話での受発注に頼っているアナログな酒販業界をＤＸ（デジタルトランスフォーメーション）できるのではないか、とも思いました。

もともと弊社ではＬＩＮＥ公式アカウントは持っていましたが、何も活用していない状況で、友だち数は数十人程度でした。なのでまずは、ＬＩＮＥ公式アカウントに友だちを集めるところからスタートさせました。友だち追加してもらうきっかけをつくるために、バーのカウンター席に座ってバーテンダーとのやりとりを疑似体験できるデジタルコンテンツ「ＡＩバーテンダー」をつくりました。もともとバーテンダーだった冨田さんからは「絶対にオススメだ」と言われたのですが、プロのバーテンダーや酒販関係者がそれを見てどう思うのかを想像すると正直、あまり乗り気ではありませんでした。しかし、アカウント公開後、普段、取引をしてくださっている卸先や私の友人・知人など一通り思いつく限りの方々に案内を出したところ、予想を遥かに超える方々に友だち追加をしていただき、とても評判となりました。

ＳＮＳで有名バーテンダーをはじめとした沢山の方々がシェアをしてくれたおかげで、拡散の連鎖が起きました。兵庫の小さな洋酒卸業者がＳＮＳで話題になることなど、ほぼあり得ないような話ですので、自分の会社のことながらとても驚きました。この取り組みのおかげで、過去にいただいた手元にある名刺の情報からつながった友だちの方々にも、情報を届けることができ、結果として、リニューアルしたＬＩＮＥ公式アカウントの公開から約一ヶ月で友だち数は約15倍、一年間で約78倍になりました。

また、国内各地で行われる展示会や試飲会などのイベントは見込み客を集める絶好のチャンスだと捉え、その時々に合ったプレゼントクーポンや割引クーポンを発行する

● デジタルコンテンツ「AIバーテンダー」

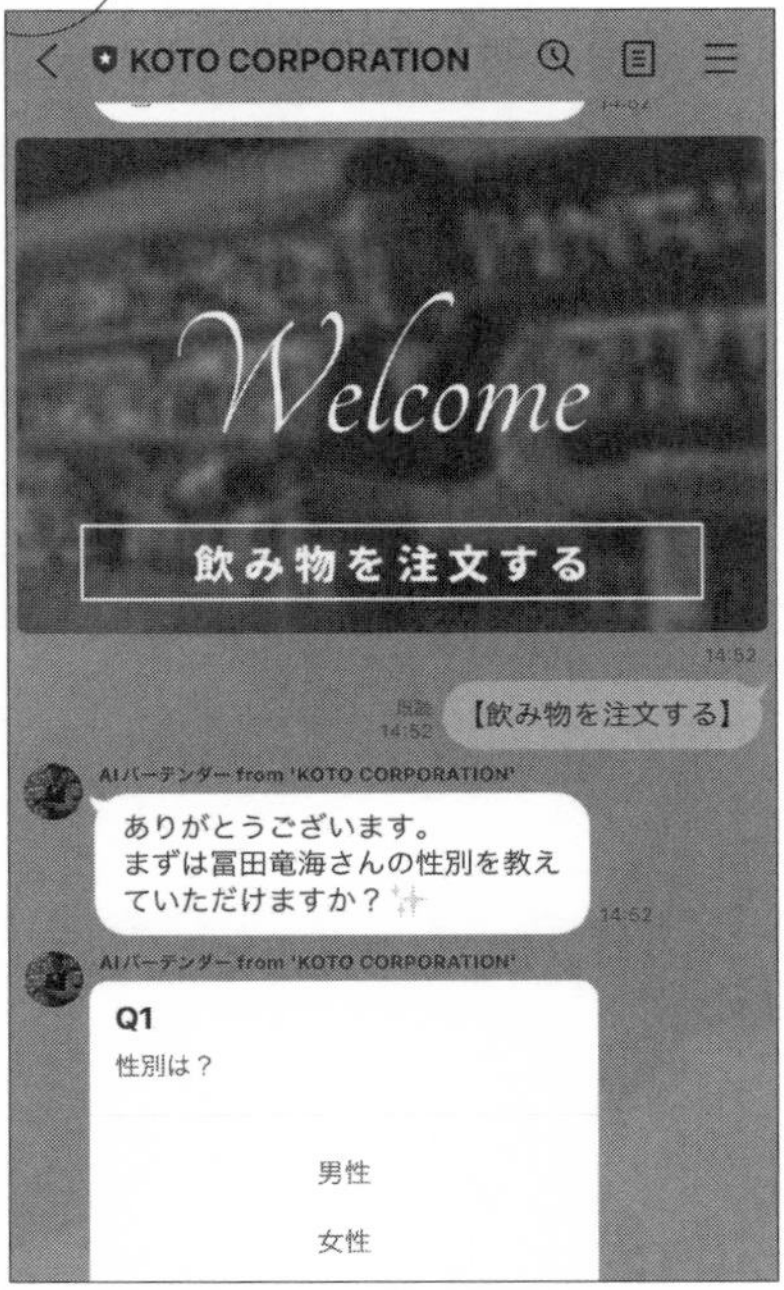

バーテンダーとやりとりを擬似体験できる

キャンペーンを企画して、友だち数の拡大に努めています。

当社はブルーノマーズが所有するラム酒ブランド「セルバレイジャパン」の日本総代理店です。ブルーノマーズはグラミー賞最多受賞のアメリカのシンガーソングライターで、日本にも多くのファンがいます。２０２２年に東京と大阪で大型のコンサートが開催された折には、会場にセルバレイジャパンのイベントブースが設置されました。そのブースに友だち追加特典を記載した弊社のＬＩＮＥ公式アカウントのＱＲコードを入れたポスターを掲示したところ、わずか数日の間に１５００名が友だち追加をしてくれました。

ここでもＡＩバーテンダーは大変好評でした。その後も数日に渡ってセルバレイジャパンに関する配信を送った結果、スタートしたばかりのＥＣサイトから１００万円を超える売り上げを出すことができました。

ＬＩＮＥ公式アカウントとＬステップを使ったこの「自動で売れるセールスの仕組み」では、友だち追加をしてくれた方々に、ただ情報を発信するだけではなく、アンケートなどを通じて相手の属性やどんな趣向を持っているのかをたずね、そこに最適な情報を発信することを推奨しています。これまで直接かかわりをもてなかったエンドユーザーの趣向を知り、私どもが苦労して世界中から集めてきた洋酒を自分たちの言葉で直接エンドユーザーに案内して反応をみることができるという点は、今後の事業経営にも影響があると考えています。冨田さんの手がける「自動で売れるセールスの仕組み」を導入した成果をじわりと感じました。

●名刺はビジネスで成功するための重要な資産である

ここまでＬＩＮＥ公式アカウントを活用した「自動で売れるセールスの仕組み」を取り入れたクライアントの具体的な事例を紹介してきました。何の役にも立たなかった机の上の名刺の山も、ここしばらく来店のない既存客のリストも、この先のあなたのビジネスにおいて、とても貴重な資産であることに気づいていただけたと思います。

繰り返しにはなりますが、ここで伝えたかったのは売り上げを上げるためには新規集客に注力するよりも、まずは既存のつながりを大切にしてほしいということ。すでにつながりのある人たちへ定期的なアプローチを続けて、その人たちの現状やニーズを把握し、最適な情報を届けることは、至ってシンプルです。しかし、それをきちんと理解して行動し、継続的に実践している人は多くありません。わずか一握りです。

Chapter 2

自動で売れるセールスの仕組みと商品構成

Section 01

仕組み化することで自動で売れる

●仕組み化すれば自動で売れていく

売り上げを上げたいのであれば新規の集客をするよりも、既存顧客や過去に受け取った名刺など、すでにつながりのある人に再アプローチをするほうが、より早く確実に成果につながる方法であることを伝え、いくつかの事例を紹介しました。

本書で伝える「自動で売れるセールスの仕組み」では「ＬＩＮＥ公式アカウント」を活用し、それをさらに何倍も有効に活用できるツールとして「Ｌステップ」を連携させています。

● LINE 公式アカウント（https://www.lycbiz.com/jp/service/line-official-account/）

● Lステップ（https://linestep.jp/lp/01/）

●LINEのビジネスアカウント「LINE公式アカウント」

ここであらためてLINE公式アカウントについて、簡単に説明しておきます。LINE公式アカウントとは、LINEヤフー株式会社が提供しているコミュニケーションアプリLINEで企業や店舗が運用するビジネスアカウントのことです。

ご存知の通り、LINEは「友だち」になると簡単にコミュニケーションがとれるアプリケーションです。LINEには、大きく分けて二種類あり、多くの人が普段から友人や家族とのやりとりで使っている個人アカウントと、店舗や企業が運用するビジネス目的に使われるLINE公式アカウントがあります。「自動で売れるセールスの仕組み」の構築で運用していくのは、ビジネスアカウントであるLINE公式アカウントです。

店舗や企業で運用しているこのLINE公式アカウントに「友だち追加」をすると、クーポンやお得な情報を受け取れることも多いので、お気に入りの店舗や企業のアカウントに「友だち追加」をしている人もいるのではないでしょうか。

●日本人のほとんどが毎日使うＬＩＮＥ

本書で紹介する「自動で売れるセールスの仕組み」づくりに、なぜＬＩＮＥが有効なのか説明します。答えは簡単です。ＬＩＮＥは日本人のほとんどが毎日使っているコミュニケーションツールだからです。一日24時間のなかで一度もＬＩＮＥを開かなかったという日は、僕もあなたもおそらくほとんどないと思います。

それもそのはずで、ＬＩＮＥヤフー株式会社が発表したデータによれば月間ユーザー数は９５００万人（２０２３年6月末時点）、この数は成人している日本人ほぼ全員で、全人口の約91％以上をカバーする数です。

僕の周囲でもＬＩＮＥを使っていない人などほとんどいません。使っていない人がいるとすれば、極端にデジタル機器にアレルギーがある人くらいです。すでにＬＩＮＥは日本人にとってなくてはならない生活インフラといえます。このことから考えてみてもビジネスで成果を上げるために、現代の日本人が最も日常的に使っているＬＩＮＥを取り入れることは非常に有効です。

●ＬＩＮＥ公式アカウントの機能を何倍にも拡張するツール「Ｌステップ」

ＬＩＮＥ公式アカウントを運用するだけでもある程度の成果は出ますが、より精度の高いマーケティング施策を行って成果をあげるために、ＬＩＮＥのＡＰＩツールである「Ｌステップ」も併せて活用しています。ＡＰＩとは「Application Programming Interface」の略で、ソフトウェアの機能の一部を別のソフトウェアやプログラム上で稼働できるようにつなぐ仕組みを意味します。Ｌステップは、ＬＩＮＥ公式アカウントと連携することで、その機能を何倍にも拡張してくれるＡＰＩツールです。

●Ｌステップの代表的な機能七つ

Ｌステップでは、さまざまな機能が用意されていますが、本書で紹介する「自動で売れるセールスの仕組み」でよく使うことになる代表的な機能を七つ紹介します。

・シナリオ配信

通称ステップ配信。メルマガでいうステップメールのこと。友だち追加をしてくれた人に、一日目、二日目、三日目と事前に設定しておいたメッセージを自動で送る機能。友だち追加されると、事前に設定した間隔を空けてメッセージを届けられる。詳細な分岐もできて、メルマガよりも開封率が高い。

・セグメント配信

セグメントとは、友だち追加してくれた人をこちらで決めた基準で区分するという意味。セグメント配信は、その名の通り、セグメントごとの配信機能。Lステップを活用することでＬＩＮＥ公式アカウントのセグメントよりも、さらに細分化して配信できる。

・登録者の把握と顧客管理

ＬＩＮＥ公式アカウントでは、友だち追加をしてくれても友だちからスタンプを送ってもらうなどの何らかのアクションをしてもらわないとアカウント名やアイコンを認知できないが、Ｌステップを連携すると友だち追加をしてくれただけで、アカウント名とアイコンを特定できるようになり、いわゆるロム専といわれる情報を見るだけの人に対してもこちらからアプローチしたり、友だち追加をしてくれた人たちの傾向を分析したりできる。誰がどの情報を、いつ、どれくらい見たのかなどの行動履歴や商品の購入歴、店舗への来店歴を記録することで顧客データとして管理ができる。

・自動応答（チャットボット）

チャットボットとは、記入された特定のワードに反応して応答してくれる自動システム。チャットボットをうまく活用することで、簡易診断システムやゲーム、疑似ＡＩコンテンツのような仕組みを構築することも可能。ＬＩＮＥ公式アカウントの自動応答に加えて、Ｌステップの連携でリッチメニューからも自動応答に誘導できる。

このリッチメニューとは、トーク画面下部のキーボードエリアに固定で表示されるメニュー機能。クーポンやショップカードなどのＬＩＮＥ公式アカウントの機能のほか、ＥＣサイトや予約サイトなど、外部サイトへのリンクを設定できる。

・回答フォーム

申し込みフォーム、アンケートフォームなどを作る機能。回答フォームに記入された内容は、そのまま顧客管理情報に反映されるのが特徴で顧客管理が非常に楽になる。

ＣＳＳを活用することでデザイン性を高め、簡易的なランディングページのようなものを作ることもできる。記入してくれた人にサンキューメッセージやフォローメッセージ、セミナーや来店予約日前日のリマインドメッセージを送るなど機能を組み合

● リッチメニュー例・美容サロン

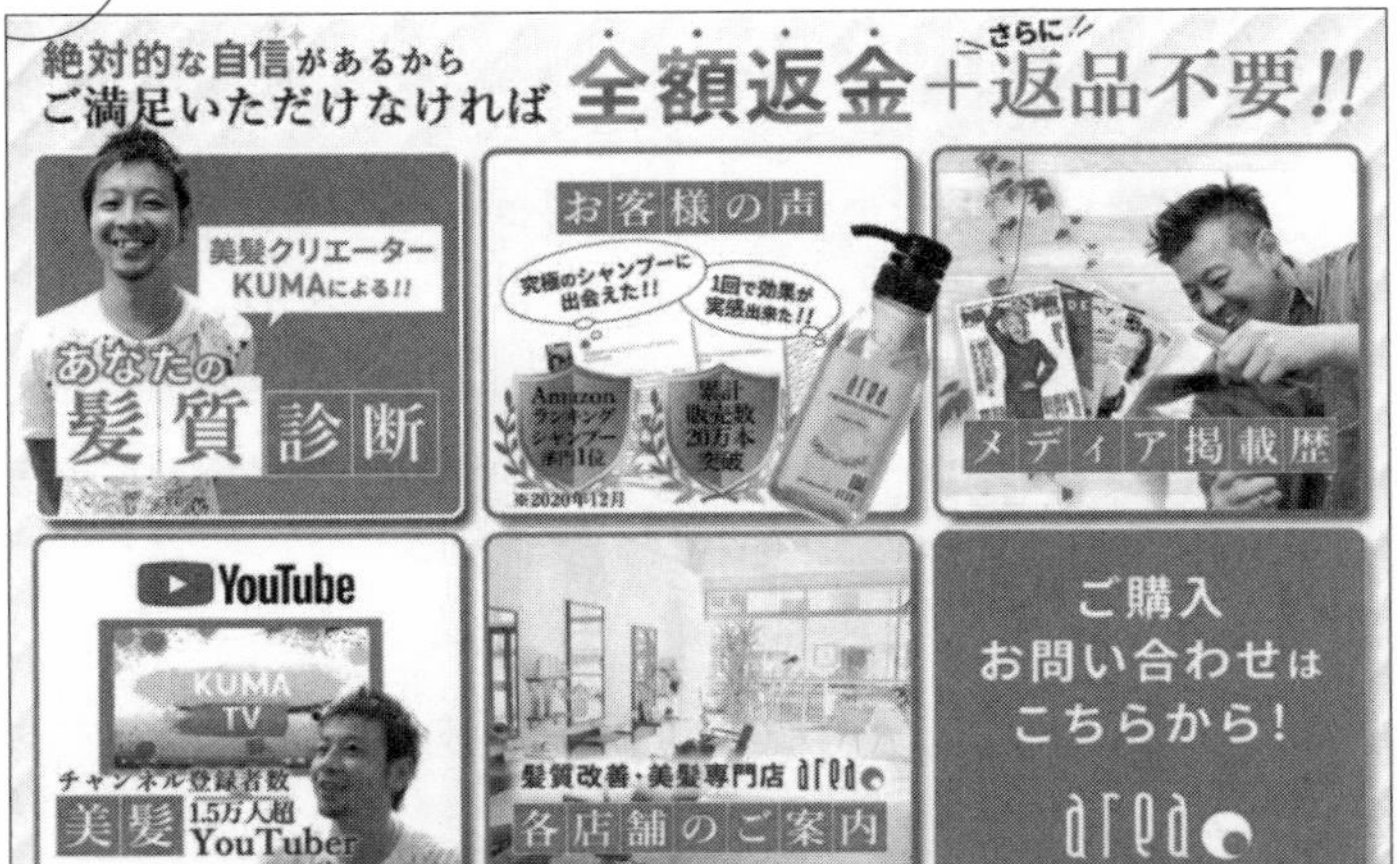

一般的な縦2列、横3列構成のリッチメニュー

わせられる。活用方法は無限にある。

・セグメントリッチメニュー（アップグレードしたプランのみで対応）

セグメント配信同様にこちらで決めた基準で区分したセグメントごとにリッチメニューを挿入できる。

たとえば、オンラインサロンの無料会員と有料会員で別々のリッチメニューを表示させて限定コンテンツを見ることができるような設定が可能。ハウスメーカーなどでは物件の引き渡し前と引き渡し後、学習塾の就学生と卒業生、FCチェーン店ではFCオーナーとお客様など、

● リッチメニュー例・スーツサロン

季節ごとに自動でメニューが切り替わる

● 回答フォーム例・美容サロン

● 回答フォーム例・小売店

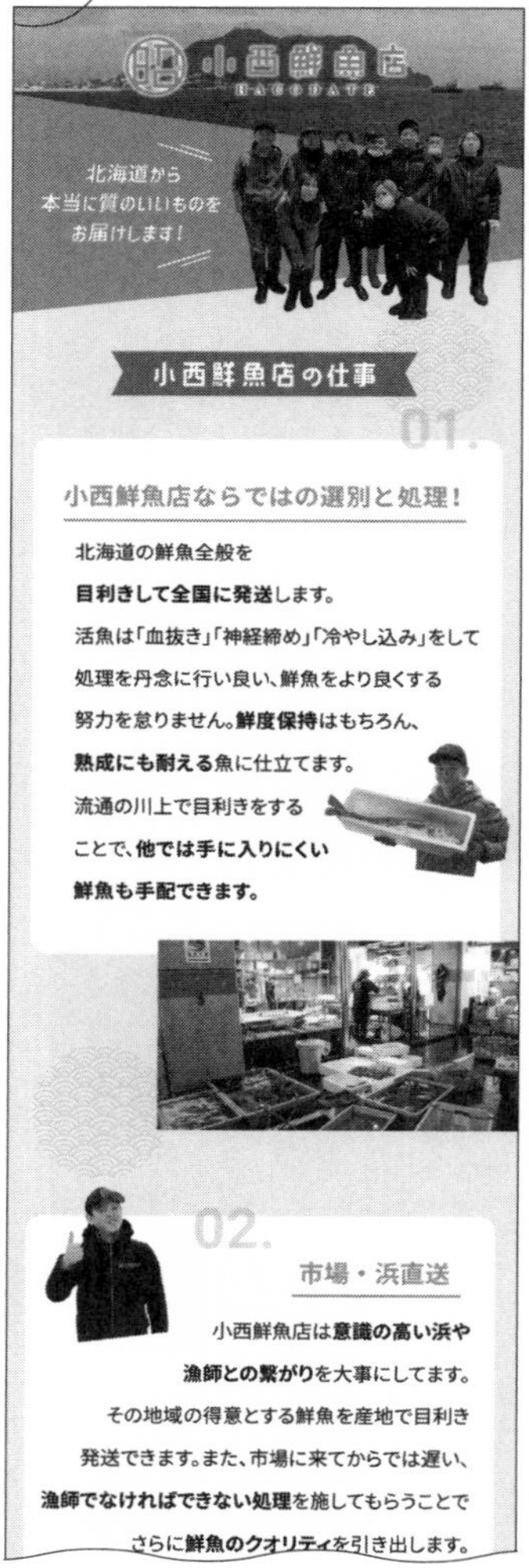
小西鮮魚店
HAKODATE
北海道から
本当に質のいいものを
お届けします！
小西鮮魚店の仕事
01.
小西鮮魚店ならではの選別と処理！
北海道の鮮魚全般を
目利きして全国に発送します。
活魚は「血抜き」「神経締め」「冷やし込み」をして
処理を丹念に行い良い、鮮魚をより良くする
努力を怠りません。鮮度保持はもちろん、
熟成にも耐える魚に仕立てます。
流通の川上で目利きをする
ことで、他では手に入りにくい
鮮魚も手配できます。
02.
市場・浜直送
小西鮮魚店は意識の高い浜や
漁師との繋がりを大事にしてます。
その地域の得意とする鮮魚を産地で目利き
発送できます。また、市場に来てからでは遅い、
漁師でなければできない処理を施してもらうことで
さらに鮮魚のクオリティを引き出します。

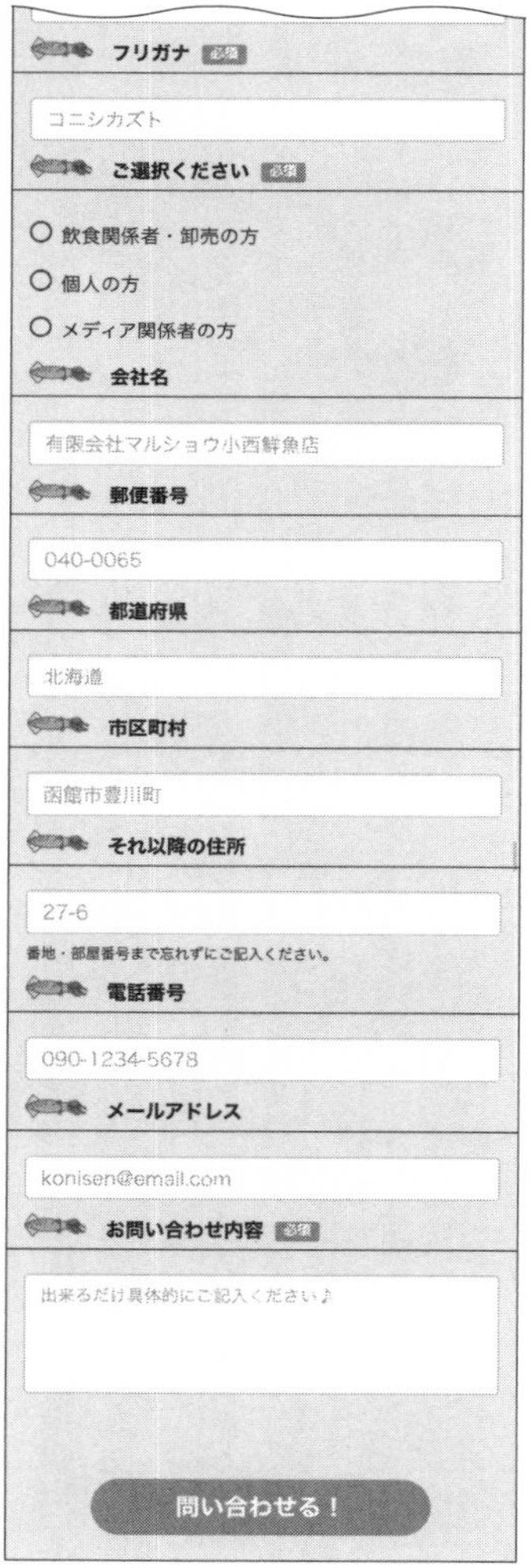
フリガナ 必須
コニシカズト
ご選択ください 必須
飲食関係者・卸売の方
個人の方
メディア関係者の方
会社名
有限会社マルショウ小西鮮魚店
郵便番号
040-0065
都道府県
北海道
市区町村
函館市豊川町
それ以降の住所
27-6
番地・部屋番号まで忘れずにご記入ください。
電話番号
090-1234-5678
メールアドレス
konisen@email.com
お問い合わせ内容 必須
出来るだけ具体的にご記入ください♪
問い合わせる！

ありとあらゆる業種形態で応用ができる。あるクリニックでは、この機能を使って患者用の一般メニューとスタッフ研修用のｅラーニングメニューをひとつのアカウントで構築した事例もある。

・流入経路分析（プロプランのみで対応）

どの経路で友だち追加をしてくれたのか分析が可能。ブログ、メール、ＹｏｕＴｕｂｅ、チラシのＱＲコードなど、どこから流入してきたのかがわかる。流入してきた経路と成約率などを分析し記録したり、その流入経路に応じて別々の挙動を発動させることができる。

たとえばセミナー会場に掲示してあるＱＲコードから流入してきた人には「本日のセミナーにご参加いただきありがとうございました。こちらより本日のセミナーの感想をご記入ください」と送ったり、ＳＮＳで募集したプレゼントキャンペーンに応募してくれた人には、自動的に「こちらのプレゼントをお受け取りください」などの挙動が設定できる。設定次第で、相手の労力をさげてスムーズでわかりやすい導線を作

● セグメントリッチメニュー例・クリニック患者用一般メニュー

患者自身のスマートフォンからQRコードを読み込むと表示されるリッチメニュー

● スタッフ研修用メニュー

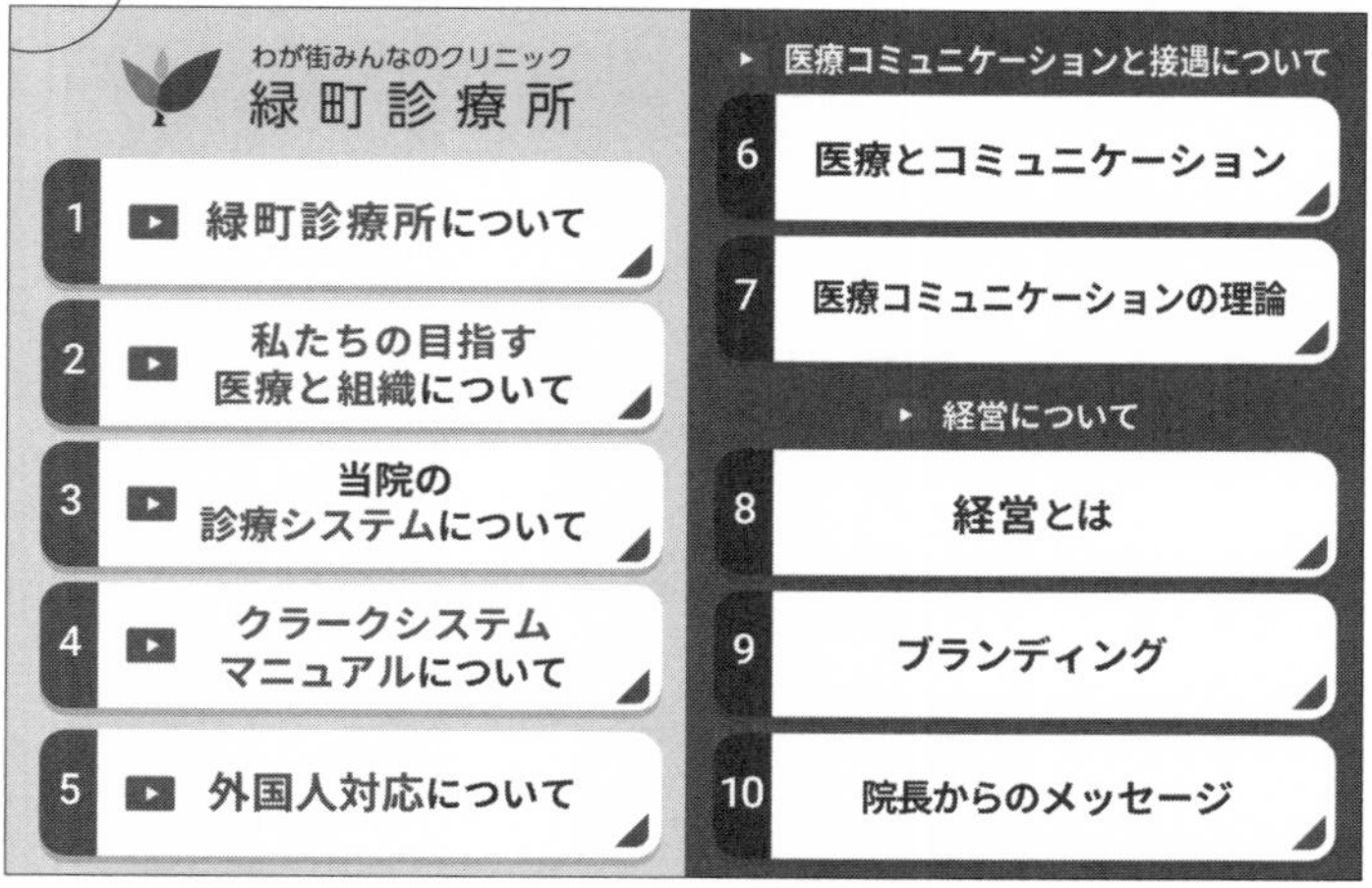

スタッフ用の流入経路を発行し、スタッフのスマートフォンからQRコードを読み込むことで表示されるスタッフ研修用リッチメニュー

ることが可能。

・スコアリング

スコアリングは、誰が何を何回みていたのかなどがわかることから、LINE上の行動を数値化して行動の傾向を知ることができる仕組み。配信の開封、リッチメニューのタップ数、動画の視聴など細かな条件を事前に設定しておき、友だちが起した行動に点数をつけてランク分けをし、管理するようなことも可能。誰が最も興味関心が高いのか、見込み度の高い人だけをあぶり出して配信もできる。

●予約管理機能

予約情報をまとめて、管理の一元化ができる。美容室やエステサロン、整体等の治療院やパーソナルジムなど店舗を持つ業種では多く導入されている。顧客情報をデータ化できるので、分析に活用したり、細かなリマインドを設定してドタキャンや予約忘れを防止することも可能。特定日に開催するイベントに対して予約を受け付ける「イベント予約」とカレンダーの空いている日付から日時指定の予約ができる「カレンダー予約」があり、使い方次第では予約管理にかかる作業を大幅に削減できる。

●　カレンダー予約利用例

空いてる日付を選んで予約できる

●大切なのは見込み客からの信頼の獲得

僕たちが情報発信をしていくのは、見込み客から信頼を得るためであり、こちらから情報を出していかなければ、あなたの会社のことも、提供している商品やサービスのことも知る術がありません。どんな会社で何を事業としているのか、あなたという人がどんな人物で、何を信条にビジネスをしているのか、そういったことに一定の価値や魅力を感じなければお金を払うどころか興味すら持ってもらえません。

人は常に自分の不安や悩みを解決し、理想を叶えてくれる商品やサービスの情報を無意識に探しています。それらを見つけて購入することに、人は強烈な快感を覚えます。さまざまな情報発信の目的は、ひと言でいうと信頼獲得です。面白そう、役に立ちそう、美味しそう、効きそう、楽しそう、オシャレそう、友だちに自慢できそう、人から尊敬されそう、など、それぞれ少しずつニュアンスは違いますが、結局はすべて信頼です。何かしらの評価ポイントがあるから興味が持てるし、近づいてみたいと関心がわきます。

ピンとこない人のためにもう少し詳しく説明すると、たとえば友人と飲食店へ出掛けて食事をすることになったとします。まだ店が決まっていない場合、スマホで検索して「オススメ　居酒屋」とか「オススメ　ランチ」と調べて店を探す人は多いと思いますが、そのときに行くお店の決め手はどこにあるのかを考えてみてください。そもそもその店を知っていれば別ですが、そうではない場合は、美味しいから行くのではなくて「美味しそうに見えた」からその店に決める場合がほとんどです。ではなぜ、そのお店は美味しそうに見えたのでしょうか。ホームページがきちんとしているとか、食べログやGoogleマップの店舗情報にあるクチコミが良いとか、料理や店内の雰囲気が分かる写真がたくさん掲載されているとか、メニューがわかりやすく出ているとか……、そのようなすでに出されている情報を見て「ここに行ったらきっといい時間過ごせるんじゃないか」と感じて一定の信頼ができたお店に行くと思います。これは飲食店に限らず様々なビジネスに共通する大切な考え方です。

うまくいっていない人が売り上げを上げようとするときに、商品やサービスの品質を高めて価値を上げていこうとしますが、商品やサービスの価値を感じてもらえるのは、実際に商品を買ってもらったりサービスを受けてもらったりしたあとです。商品やサービスの品質が高いことは大前提ですが、その品質が高いこともきちんと情報発信をしていなければ見込み客に届きませんし、商品やサービスを提供する機会すら逃してしまいます。大切なのは、見込み客のニーズに沿った的確で適切な情報発信をしてあなたの販売する商品やサービスに興味を持っていただき信頼を獲得することです。

●情報発信のツールとしてLINE公式アカウントは非常に優秀

すでに伝えてきたように現代人の生活インフラになっているLINEは、年配者や若年層も含めて抵抗なく使っている人が多いです。還暦を過ぎた僕の母や叔母も決してデジタルに強くはありませんが、日常的にLINEを使っています。情報発信のツールとしてはメルマガや他のツールに比べても劇的に開封率が高く、ブロックさえされなければ到達率100%。LINE公式アカウントをひと言で説明するなら超最強のメルマガです。プラン次第では無料で利用でき、現代の日本においては最も活用すべきツールの一つです。Lステップと連携すれば、さらに使い勝手はよくなり売り上げアップに貢献してくれます。

ただし、LINE公式アカウントは、業種形態によっては開設できないこともあります。それを知らずにアカウントを開設して使っていると、ある日突然アカウント停止になる可能性もありますので注意してください。開設する前に必ず「ＬＩＮＥ公式アカウントガイドライン」を確認することをオススメします。注意してほしい主な業種は、出会い系、アダルト系、ネット関連ビジネスの一部、連鎖販売取引の一部などです。

Section 02

自動で売れるセールスの仕組みとは

「自動で売れるセールスの仕組み」とは

本書で伝える「自動で売れるセールスの仕組み」は、Lステップを連携させたLINE公式アカウントを使って見込み客を教育し、次の三つの段階を踏んで高額商品をセールスしていく仕組みです。

1st STEP　LINE公式アカウントに見込み客を集める
↓
2nd STEP　見込み客を教育し、信頼関係を構築する「集客商品」をセールスする
↓

3rdSTEP　顧客のニーズを見極め「収益商品」を企画しセールスする

マーケティングを考えるときに、いきなり商品やサービスを売ろうとして失敗する人が多くいますが、このように三つの段階をひとつずつ踏んでいけば、効率的に収益をあげていくことが可能です。

ステップの詳細についてはこの後のChapterでそれぞれ解説しますが、ここではざっくりと「自動で売れるセールスの仕組み」の全体像をつかんでください。

●LINE公式アカウントに見込み客を集める〈1stSTEP〉

第一段階は、見込み客集めです。

受け取ったまま放置されて山積みになっている名刺には、その人にまつわる情報が数多く載っています。その一つ一つに、こちらからアクションを起こしてLINE公式アカウントに友だち追加を促します。ここでできるだけ多くの人数を集めるのが、

● 自動で売れるセールスの仕組み

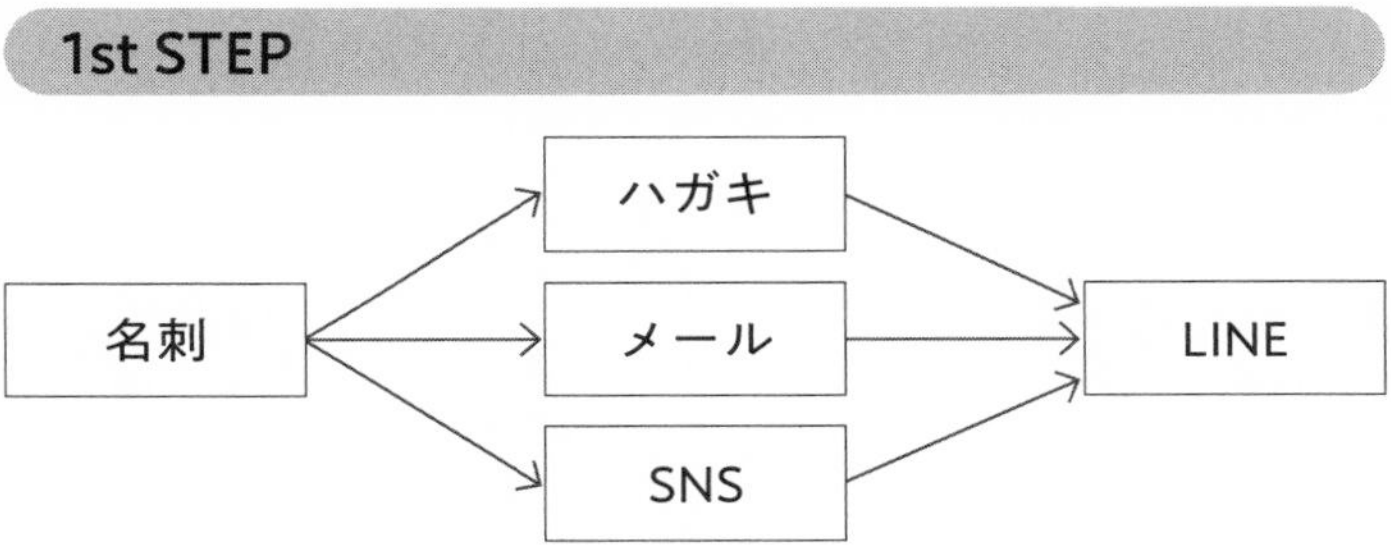

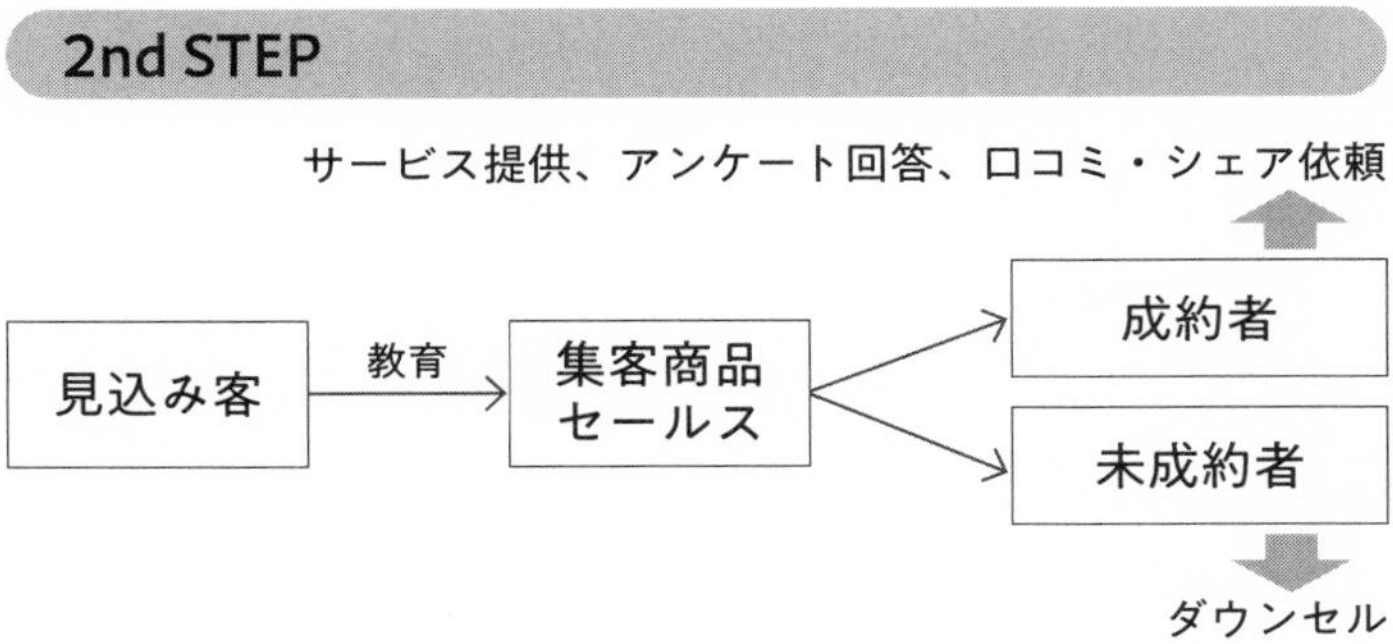

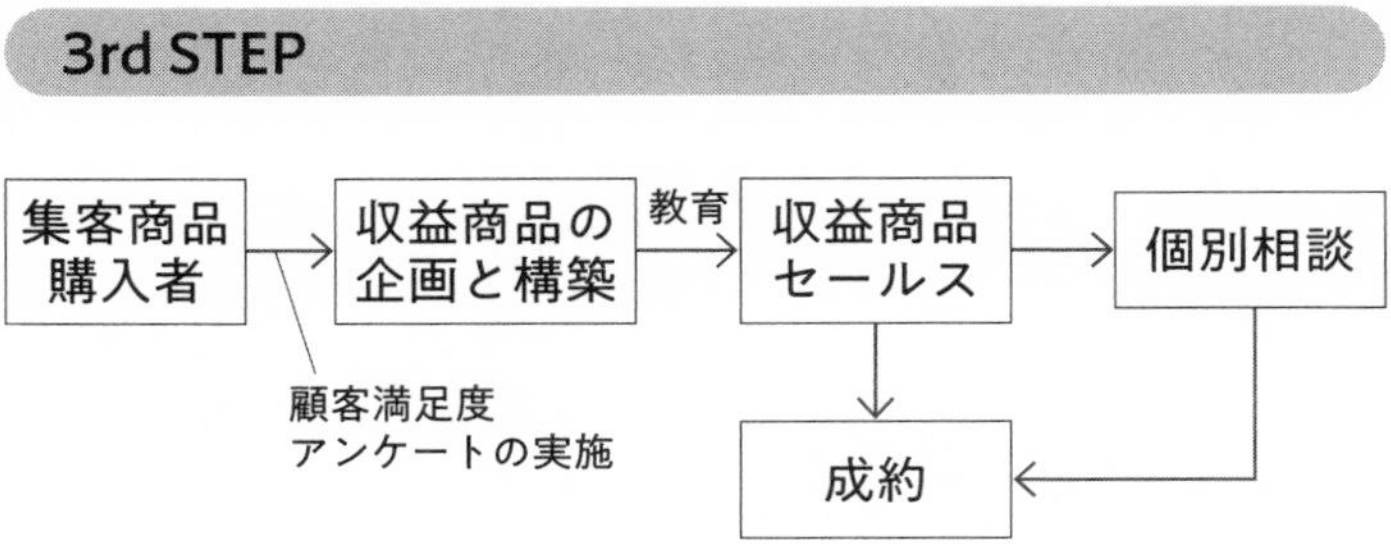

この「自動で売れるセールスの仕組み」を成功させる秘訣です。

会社所在地や住所にはハガキを郵送、メールアドレスにはメールを送信、各種SNSアカウントはこちらからフォローをしてコミュニケーションをとり、投稿記事とダイレクトメッセージのやりとりで友だち追加を促します。友だち追加をしてくれる人を増やすには、魅力的な友だち追加特典があると効果的です。

友だち追加をしてもらった直後にはアンケートを実施。さらにお答えいただいた人には回答特典をプレゼントします。アンケートの記入内容でその人の属性や趣味・趣向を深掘りしておけば、より詳細な個人情報が獲得できます。ここで見込み客のニーズを知り、その後に自動でセールスを進めていくときのヒントにします。

●見込み客を教育し信頼関係を構築する「集客商品」をセールスする〈2ndSTEP〉

第二段階では、見込み客を教育し信頼関係構築のための「集客商品」をセールスします。

ＬＩＮＥ公式アカウントに友だち追加してくれた人は、いわば見込み客。この見込み客に送るメッセージの内容は、ここでセールスする「集客商品」の価値を伝える教育コンテンツです。送るメッセージの最後には、「購入申し込み」と「問合せ」ができる入り口を必ず掲載して見込み客の行動を促します。ここで成約になれば次の段階へ。ならなければ、他にどのようなことにお困りなのかアンケートを実施して別の視点での訴求やグレードを下げた低価格商品をダウンセル、また別の角度からの教育コンテンツを配信して成約の状況を見届けます。

成約後にはサンキューメッセージを送り、購入後の感想をＳＮＳや口コミサイトへ投稿を依頼したり顧客満足度アンケートを送るなどしてみてください。

この顧客満足度アンケートの結果から次に販売する商品を企画します。「集客商品」を使ってもらったあとに、生まれてくる悩みはどのようなことなのか、顧客は何を目標にしているのかを考え、次の第三段階で売る「収益商品」をつくっていきます。

なお、顧客満足度アンケートの内容の詳細については、Ｃｈａｐｔｅｒ５「ＬＩＮＥの友だち追加から集客商品のセールスまでのフロー」で解説します。

●顧客のニーズを見極め「収益商品」を企画しセールスする〈3rdSTEP〉

第三段階に入りようやく利益獲得のための「収益商品」をセールスしていきます。

一度商品やサービスを買ってくれた顧客は、手にした商品・サービスの使い心地や使い勝手の良さを感じてくれると次にセールスする商品にも期待を寄せてくれます。このタイミングで、高単価なサービスや継続的に使用して効果を実感していただくサブスクリプション型の商品をセールスすれば、買ってもらえる可能性が高くなります。

提供する商品は、集客商品も収益商品も共に圧倒的にお客様に満足してもらえる商品やサービスであることが大前提です。ここは特に大切ですので、絶対に覚えておいてください。

●自動化だからといって安直に考えていてはダメ

本書で伝える「自動で売れるセールスの仕組み」は、すでにお伝えしているように

LINE公式アカウントにLステップを連携させて構築します。自動で売り上げがたつので非常に便利で有効な施策です。

しかし、自動化という言葉に過信し、この仕組みを構築さえすれば簡単に売り上げが上がると安直に思わないでください。確かに仕組みを作ることは大切ですが、それはゴールではなくスタートです。あなたがLINEのメッセージを配信すると、その先ではたくさんの人がそのメッセージを受け取ってくれます。そのメッセージに込めたあなたの想いによって人の心が動きます。

LINE公式アカウントに誘導するメッセージの内容やあいさつメッセージ、シナリオ配信など、その一つひとつに心を込めた人間味のある言葉を載せることができなければ、どんなに素晴らしい仕組みがあっても宝の持ち腐れです。見込み客をどれだけ観察し、心に響く情報発信ができるかが、最終的な売り上げを大きく左右します。

Section 03

友だち追加につながる特典を用意する

●友だち追加特典で友だちになるメリットを訴求する

「自動で売れるセールスの仕組み」を発動させる素晴らしいアカウントを構築したとしても、友だち追加をしてくれる人がいなければ、何の意味もありません。「友だち追加お願いします」と言っただけで友だち追加してくれるのは、よっぽど人間関係ができている人くらいです。大抵はスルーされてしまいます。なので、まずは見込み客となる友だちを集めていくために、友だち追加をしたくなる魅力的な友だち追加特典を用意しましょう。

特典を用意する際には、次のポイントを抑えることが重要です。

友だち追加特典の考え方のポイント四つ

①「自動で売れるセールスの仕組み」で、最終的にセールスする「収益商品」の見込み客が思わず欲しくなる特典である

②自社の商品やサービスに関係のある特典である

③見込み客のお悩みを解決できるもの、もしくはお得感や優越感を感じられるような特典である

④制作や配布にコストのかからない特典である

よくあるのが自社で販売している少額の物販などを特典としているケースですが、友だち追加してくれた人が増えていくにつれて原価や発送コストなどもかかるので注意が必要です。制作や配布にコストがかからない特典の例としては、次のようなデジタルコンテンツがオススメです。

・ワークシート、チェックリスト

・事例集やNG集
・図解
・動画セミナー
・電子書籍
・本来有料のメルマガ講座
・クーポン券（割引、プレゼント）

飲食店などの実店舗では、来店いただいたお客様にその場で使えるクーポン券などを特典として用意して成功するケースは多くありますが、メールやハガキで同じように訴求しても思うように友だち追加はしてもらえません。「どんな特典があれば友だち追加をしてみたくなるか？」を徹底的に考え抜いてみてください。

Section 04

セールスする集客商品と収益商品

●いきなり高額商品は買ってもらえない

過去に受け取った名刺や手元にある既存客のリストを使って久しぶりに接点を持った人に、いきなり数十万円や数百万円もする商品やサービスをセールスしてもなかなか買ってはもらえません。そこで、まずは見込み客が欲しがるような商品やサービスを手頃な価格帯で用意し、その価値を感じていただくことが大切です。

見込み客のニーズに応え、商品やサービスの提供を通じて、心から満足していただければ信頼関係は徐々に深まっていきます。初回の取引が多少の赤字であったとしても、良好な信頼関係を築き、そのあとも長期的に複数回の取引を継続することができるのであれば、大きな利益を得ることも可能です。見込み客との信頼関係の構築に力を注いでください。

●信頼構築の「集客商品」と利益獲得の「収益商品」

久しぶりに接点を持った人に提供する商品は、無料カウンセリングや診断など無料のものでも問題はありません。ここでの目的は売り上げを上げることではなく、商品やサービスの提供を通じて信頼関係を構築することだからです。有料で何か商品を用意する場合でも価格帯は10万円以下の商品が妥当です。本書では関係性を復活させてから最初に買っていただく無料もしくは低価格の商品を信頼構築のための「集客商品」と位置付けています。

一度でも何かしらの商品やサービスの提供し、心から満足をしていただけたとすれば、次の商品を購入していただくハードルは一気に下がります。逆に無料・低価格の商品やサービスであったとしても品質が悪く満足度が低い場合には、次の販売につながりにくくなるので、手を抜くことは厳禁です。

「集客商品」の提供を通じ信頼関係が構築されて初めて利益を獲得するためのフェーズに入ります。本書では利益獲得のために販売する商品のことを「収益商品」と位置付けています。

このように本書で紹介する「自動で売れるセールスの仕組み」で組み立てていく商品構成は、信頼構築の「集客商品」と利益獲得の「収益商品」の二つです。最初は無料もしくは10万円以下の「集客商品」を購入してもらい信頼関係を十分に構築してから、次は利益を獲得するための「収益商品」を勧めていきましょう。

Section 05

見込み客の興味を惹く集客商品の作り方

●10万円以内で悩みや欲求にリーチする集客商品をつくる

まずは「集客商品」の作り方について説明します。時間を掛けられるのであれば、この機会に新しく商品を作るのもありですが、今、現在、提供している商品やサービスのなかから無料もしくは10万円以内で販売できるものを「集客商品」として用意すると手間がかからずオススメです。

Chapter1ではこの仕組みを導入した成功事例を紹介しましたが、あの札幌のエステサロンでは、遠方にお住まいの人や時間がとれずなかなかサロンに来れない人向けに自社開発の化粧品をパッケージして3万円で販売したところ、思いのほか近隣にいらっしゃる人たちからもとても好評でした。エステサロンを利用する人たちは日頃から美容に関心が高く、そのような人たちに喜んでいただける商品をパッケージにして通常より求めやすい価格で期間限定にして販売した結果、短期間にたくさんの注文をいただきました。自分の悩みや欲求が解消されるかもしれない商品が求めやすい価格で、それもすでにつながりのあるあなたから提供されるのであれば、購入していただける可能性が高くなります。

「集客商品」を販売する目的は、ＬＩＮＥ公式アカウントに友だち追加をしてくれた人、すなわち見込み客との信頼関係の構築です。利益の獲得ではありません。ここで信頼関係が深められて満足いただければ、高い確率で継続的な取引につながります。

万が一、商品やサービスの質が高いのに顧客満足度が上がらず、継続的な取引へとつながらない場合には、購入していただいた商品やサービスをお客様が間違った使い方をしている可能性があります。商品やサービスを適切に使って効果を感じて信頼を勝ち取るためには、正しい使い方や利用方法、効果を実感するためのポイントを丁寧にお伝えすることも重要です。

●シナリオ配信でニーズを掘り起こす

「集客商品」の販売を成功させるためには、見込み客がこの「集客商品」に価値を感じられるように複数回のシナリオ配信を企画・設計しておくことが大切です。

ＬＩＮＥ公式アカウントに友だち追加をしてくれている人たちは、すでに一度以上はあなたと接点がある人たちなので、その人たちの悩みや欲求は、ある程度はこちらでも予測ができるはずです。その悩みや欲求に対して、購入する価値があると感じていただけるようなシナリオ配信の内容を組み立てていく必要があります。見込み客の中には自分自身の悩みや欲求を明確に理解している顕在的な人とそうでない潜在的な人がいますが、基本的には見込み客の大半は潜在的な人の場合がほとんどです。

そういった人たちのニーズを掘り起こし、商品やサービスの価値をより感じていただくためのシナリオ配信の設計については、Ｃｈａｐｔｅｒ５「ＬＩＮＥの友だち追加から集客商品のセールスまでのフロー」で詳しく解説します。

Section 06

収益を最大化する収益商品の作り方

●高単価・高利益・継続商品で既存客が潜在的に欲しがる収益商品をつくる

次に「収益商品」の作り方について説明します。「収益商品」は利益獲得の商品です。購入しやすい価格設定の「集客商品」に対して、高単価、高利益、継続商品が「収益商品」という考え方です。集客商品の購入後に行う顧客満足度アンケートに基づいて、既に販売している商品・サービスをランクアップしたプレミアム商品やセット売り、コース契約や長期契約などを収益商品として用意することをオススメします。

もし薄利多売の低価格商品のみのラインナップの場合には、現実的に考えて自社で収益商品を提供できないケースもあります。その場合には、顧客のニーズを満たす高い品質の商品やサービスを持っていて、かつあなた自身がファンになれるような会社のビジョンがしっかりしている会社を探して協業（以後、ジョイント・ベンチャー）をすることがオススメです。ここでいうジョイント・ベンチャーとは、いわゆる共同出資をして新規事業を立ち上げることではなく、互いの商品やサービス、技術やノウハウ、スペースや人材などを共有することを意味します。ここで紹介する方法は他社製品を自分の顧客リストに対して販売して、成果に応じてその商品を提供している会社と利益を折半するやり方です。

たとえば自動車販売会社が他社商品である保険やロードサービスを取り扱ったり、異なる専門分野の士業同士が互いのクライアントに対して各々が持つ専門知識を活かしたセミナーを開催をしたり、不動産業者と銀行が協力し銀行融資前提の不動産セミナーなどを行ったり、世の中にはさまざまな業種業態でのジョイント・ベンチャーのモデルがあります。

●中小零細企業こそジョイント・ベンチャーをやるべき

他社の商品を自社の「収益商品」として扱うことに抵抗がある人もいるかもしれませんが、人材や資本力に余裕がない中小零細企業こそ、この考え方を取り入れるべきです。

ゼロから「収益商品」を作るとなれば、商品になりうる新商品の企画やサービスのニーズ調査と開発、販売のオペレーション構築、広告宣伝から販売に至るまで自前でやらなくてはなりません。ここにどれほどのコストがかかるでしょうか。コストをかけても無事に売れれば問題はありませんが、もしも思うように売れなかった場合には大きな損害になります。しかし、ジョイント・ベンチャーであれば、本来自分たちだけでは満たせなかった顧客のニーズを満たし顧客満足度アップにつながるだけでなく、やり方次第では万が一売れなかった場合でも双方ほとんど損害を受けることはありません。このジョイント・ベンチャーについての詳細は、Ｃｈａｐｔｅｒ６「継続的に関係性を高めて収益商品をセールス」で解説します。

●「収益商品」に向いているインフォメーションビジネス

自社で取り扱っている商品やジョイント・ベンチャー以外で、「収益商品」としてよくあるのは、現在の事業経営で養った経験やスキル、ノウハウのような生きた財産を教材として販売するインフォメーションビジネスです。あなたと同じ事業をやっているけれどあまりうまくいっていない人やもっと会社を発展させたい、業績を上げたい、従業員やお客様に貢献したい、と思っている経営者や管理職、もしくは将来的にあなたと同じ事業を興したい、新規参入したいと志している人たちに向けて、情報を提供したり、コンサルティングを行ったりするようなイメージです。

具体的には、セミナー、ワークショップ、教材、講座、コンサルティング、コーチングなどです。これらは、知識と経験が材料となるので、原価がかかりません。最も付加価値がつけやすく、最も利益率が高いビジネスモデルです。自社の持っているノウハウを教材化、メソッド化してプログラムを組んでくれる業者も数多くありますので、そこに依頼してサービスを作るのもひとつの方法です。

Section 07

商品セールスにつながる特典も用意する

●見込み客の背中を押す購入特典も用意しよう

「集客商品」や「収益商品」をセールスをするときにも、LINE公式アカウントへの友だち追加を促すときと同様に、それぞれ購入を後押しするための特典を準備してください。これが魅力的であればあるほど、見込み客の購入に対するハードルが下がり、購入していただける可能性が高くなります。

ここまでの話でもわかると思いますが、人は簡単に個人情報を教えたり商品を買ったりはしてくれません。大切なのは見込み客の気持ちになって、どんな特典があれば購入の決心がつくかなど、とことん考え抜くということであり、それが成果に直結するといっても過言ではありません。

●「自動で売れるセールスの仕組み」にオススメの購入特典とは

ここからは、僕が普段から見込み客に商品やサービスをセールスするときに提供している代表的な購入特典を紹介しますので、ぜひ参考にしてください。

・フリー・トライアル

無料で商品やサービスを試せる特典。販売している商品やサービスに対して期間を限定して無料期間を設けたり、サービスの一部を無料で使ってもらうなど。オンラインサービスでは一ヶ月無料、占いや整体などサロン系ビジネスでは初回無料、視聴や試着、試乗などもこれに含まれる。

・資料請求や問い合わせをするだけでもらえるギフト

販売している商品に関する資料請求、問い合わせはもちろん、体験会や見学会への参加、見積もり依頼、メルマガ登録など直接的な売り上げが発生する前の段階でギフトをプレゼントする。たとえば、保険の資料請求でグルメがもらえる、アンケートに答えるだけでギフトカードがもらえるなど。

・購入者へのギフト

商品やサービスを購入した人にギフトをプレゼントする。たとえば、一つ購入してくれた人にもう一つ余分に商品を提供したり、ファッション誌の付録や次回購入時に使えるクーポン券などが定番。特典を複数用意して好みで選んでもらう方法も効果的。

・小冊子やPDFデータの無料提供

業界のよくある課題や疑問などについて、既に所有している専門知識やノウハウを整理してまとめ、見込み客に無料で提供する。たとえば、ファッション系であれば、NG着こなし集、健康系であれば、一般的に健康に良いといわれているデマ集など。

・食事会への招待

見込み客との商談やコミュニケーションの際に食事をご馳走する。たとえば、内装デザイナーであれば、自身が内装を手掛けたレストランに見込み客を招待し商談を行う、既存顧客と交流できる食事会に招待するなど。

・能力テストの無料提供

見込み客が学びたいと思っている分野について、無料でテストを行い、自分がどの程度理解しているかなど情報提供する。たとえば、学習塾であれば、全国統一模試、結婚相談所であれば、モテ度診断など。

・サンプルの無償提供

食品やサプリメント、化粧品、業務用ユニフォームなど実際に販売している商品のサンプルを無償で提供する。建設現場で使われる壁紙やチラシ、名刺に使われる用紙などはサンプルを冊子にして開きながら商談を進めることが多い。

Chapter 3

LINE公式アカウントでセールスの自動化

Section 01

LINE公式アカウントで設定すること

●LINE公式アカウントで設定すること

設定するのはプロフィールページのみ

本書で紹介している「自動で売れるセールスの仕組み」で重要なのは、LINE公式アカウントを導入して、Lステップと連携をすること。この仕組みでは、Lステップでの設定が肝ですので、LINE公式アカウントで設定すべきことは、プロフィールページのみです。

LINE公式アカウントのプロフィールページはアカウントの印象を左右する重要な要素となります。パッと見て印象に残るアイコン写真、シンプルで分かりやすいアカウント名、あなたのビジネスを象徴するバックグラウンドの背景画像、アカウントのイメージカラーとなる背景色を設定するようにし、友だち追加をしてくれる人たちの気持ちになってページを作り込んでいきましょう。

プロフィールページは、アカウントごとに必要なアイテムを選定できます。たとえば、すぐに電話がつながる通話ボタンや店舗の詳細がわかるウェブサイトに遷移させるボタンを表示することもできます。

なお、プロフィールページの具体的な設定方法は、次のQRコードからLステップを開発したManeql社の公式ブログを参照ください。

LINE公式アカウントプロフィールページの設定方法

「LINE公式アカウントのプロフィールページや基本情報の設定方法」

●認証済アカウントにはしなくても問題なし

ＬＩＮＥ公式アカウントは、ＬＩＮＥから認証されると認証済アカウントとして運用できますが、本書で伝えるこの「自動で売れるセールスの仕組み」では、認証済アカウントにしなくても問題はありません。一応認証済アカウントになるメリットを二つ紹介します。

一つ目は認証済アカウントになると「認証済み」を示すマークがつき、ＬＩＮＥのなかで検索された際にアカウントが引っかかるようになります。二つ目はＬＩＮＥヤフー株式会社が運営する、「ＬＩＮＥ友だち追加」という広告媒体に有料広告を出稿できる資格を持てます。

店舗系のビジネスにとっては、非常に魅力的なメリットですが、本書でつくる仕組みのうえでは、検索に表示されることも広告を出稿することも必須ではありませんので、必ずしも認証済アカウントにする必要はありません。

Section 02 決済システムに登録しよう

●決済システムは「Stripe」

ＬＩＮＥ公式アカウントのみで販売まで完結させる場合には、決済システムを用意する必要があります。様々な業態で使用可能で使いやすい決済システムとして「Stripe」がオススメです。Ｌステップと組み合わせると全自動でクレジットカード決済が可能になります。

方法としては、Stripe側で決済後に自動的に遷移するページの設定（リダイレクト）をして、Ｌステップ側で流入経路分析を使って遷移先のＵＲＬを設定します。ＬＩＮＥから配信した際には、特定の商品ごとの購入ボタンから決済ページへ遷移させ、決済完了できた際には自動でＬＩＮＥに戻り、購入者のタグづけ、サンキューメッセージの送付、購入商品の発送に関する案内やキャンセルポリシー、注意事項などの諸連絡を送るような設定も可能です。これらの仕組みを構築することで手動で行なっていた細かな事務作業が大幅に削減できます。

この決済システム「Stripe」は、初期登録費用無料で簡単に開設できます。また月額費用をいただくようなサブスクリプションの設定なども可能なので、様々なビジネスで幅広く活用されています。ただし、業種によっては開設できないケースもありますので、事前に公式サイトで確認してください。

なお、決済システム「Stripe」の登録方

● Stripe（https://stripe.com/jp）

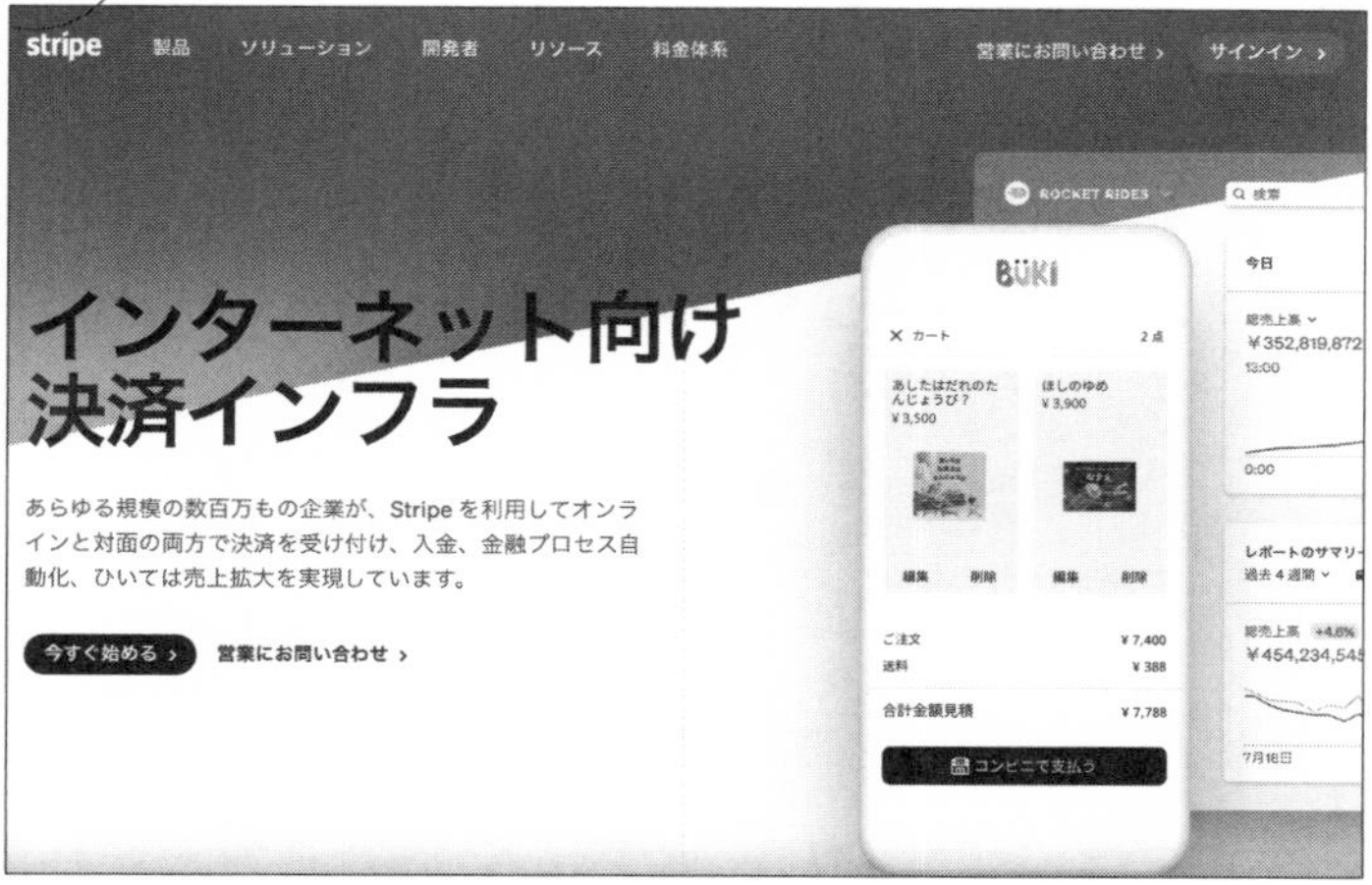

法は、次のＱＲコードからＬステップを開発したManeql社の公式ブログを参照ください。

決済システム「Stripe」の登録方法
「[Lステップ×Stripe] 決済者を特定し、サンクスメッセージを送信する方法」

Section 03

Lステップで設定すること

●LINE公式アカウントと連携しよう

「Lステップ公式サイト」

Lステップは公式サイト（https://linestep.jp/lp/01/）から申し込みをして契約します。月間配信数や使用したい機能を基準にスタートプラン、スタンダードプラン、プロプランの三つのプランから選べますが、オススメのプランはプロプランです。最初からプロプランをオススメする理由は、プロプランでしか使用できない流入経路分析機能が非常に使い勝手がよく優秀だからです。飲食店など商品単価の安い商品やサービスを販売している場合には、このプランの月額利用料金をペイできない可能性があるので考えなくてはなりませんが、客単価が数万円を超えるような高単価商品や会計事務所やスポーツジムなど契約期間が長いビジネスモデル、もしくは美容クリニックやオーダースーツサロンなどのようにある程度リピートが見込める業種・業態であれば十分にペイ出来ます。

プロプランで契約をしたら、ＬＩＮＥ公式アカウントとの連携をします。Ｌステップは一契約につき、連携できるのは一つのアカウントのみです。

なお、ＬステップとＬＩＮＥ公式アカウントの連携方法は、次のＱＲコードからＬステップを開発したManeql社の公式ブログを参照ください。

ＬステップとＬＩＮＥ公式アカウントの連携方法

「【公式】 Ｌステップの初期設定簡単設定ガイド」

●リッチメニューを設定しよう

次にリッチメニューの設置です。アカウント全体の印象や成果に影響する箇所なので、デザインはもちろんですが、どんなコンテンツを設定するべきかしっかりと戦略をたて、設計することが重要です。

一般的に最もスタンダードなのが縦2×横3区画の6区画です。ここで載せるべきオススメの情報としては、「よくある質問」「会社概要」「創業ヒストリー」「スタッフ紹介」「お客様の声」「メディア露出情報」「診断コンテンツ」「オススメ商品」「キャンペーン情報」などです。通信販売の場合には「送料表」、リフォーム会社などであれば「ビフォーアフター」など、業種業態によって伝えるべき情報は異なるので、見込み客の気持ちになって何を設定すべきか考えてみてください。

また、サロンビジネスであれば「予約フォーム」、ハウスメーカーなどであれば「資料請求」、学習塾やスポーツクラブなどであれば「無料体験申し込み」など、購入や問い合わせにつなげるボタンの設置も必須です。

●デザインはプロに依頼する

次にデザインについてです。リッチメニューのデザインはプロのデザイナーに発注し作ってもらいましょう。社内でデザインを内製化できるのが理想ですが、デザイナーを抱えている会社はそうないと思います。町のデザイン会社や最近ではクラウドワークスなどで活動しているフリーのデザイナーにも優秀な人が増えてきているのでそういった人たちに依頼するのもオススメです。

Canvaなどの無料アプリケーションを使って自作する人もいますが、できたものを見るとやはりそれなりです。デザインは、デザイン力があることはもちろんですが重要なのはデザインのマーケティング力です。具体的にいうと、タップ率を上げるには何色を採用するのか、リッチメニューのなかで最もタップしてもらいたい区画はどの位置に配置するのが最適なのかなど、解決したい課題を解決するためのマーケティング力があるか否かで成果は大きく変わります。

マーケティングを必須とするデザインは、オシャレであれば良いというわけではありません。ビジネスモデルやターゲットによっては、オシャレすぎると逆に敷居が高く感じられて敬遠されてしまうようなケースもありますので、販売する商品やサービスを買ってくださるお客様目線で見たときにどういったデザインであれば魅力的に感じていただけるかきちんと戦略を立ててデザイン設計をする必要があります。

リッチメニューだけではなく、ＬＩＮＥ公式アカウントのプロフィールページ、アイコン、アカウント内に使用するリッチメッセージやカルーセル画像などお客様の目に触れるところは店舗でいうところの看板やメニューと同じです。よっぽど自信がある人以外はプロのデザイナーに依頼しましょう。

なお、Ｌステップのリッチメニューの設定方法は、次のＱＲコードからＬステップを開発したManeql社の公式ブログを参照ください。

Lステップのリッチメニューの設定方法

「LINE公式アカウントのリッチメニューの設定方法と10のデザイン例」

テンプレートを作成しよう

ＬＩＮＥで配信できるコンテンツの種類には、文章だけつくる「テキスト」、気持ちを表現する「スタンプ」、商品や景色の「画像」、気になることに対する「質問」、申し込みをする「ボタン・カルーセル」、所在地を伝える「位置情報」ほかにも「動画」「音声」などもありますが、Ｌステップではそのひとつひとつをテンプレートとして作り込む必要があります。

色々機能はあるものの、僕が普段活用しているのは、新カルーセルと画像がほとんどです。なお、テンプレートの作成については、次のＱＲコードからＬステップを開発したManeql社の公式ブログを参照ください。

Lステップのテンプレートの作成
「Lステップの『テンプレート』とは？　メリットや作成方法をまとめて解説」

●回答フォームを作成しよう

次に回答フォームを作成します。いわゆるＬＰ（ランディングページ）のようなものが、Ｌステップで簡単に作れるので非常に便利です。商品の販売やセミナー、コンサルティングなどの申し込みページ、カウンセリングシートやカルテなどもこの回答フォームで作成できます。ＣＳＳを活用すれば自由度の高いデザインも可能なので、色々と試してみてください。

なお、回答フォーム作成については、次のＱＲコードからＬステップを開発したManeql社の公式ブログを参照ください。

Lステップの回答フォームの作成

「Lステップのカスタム CSSとは？　使い方や活用事例を紹介」

●タグづけと友だち情報の管理

Ｌステップでは、友だち追加してくれた人にひとりずつタグをつけることで、それぞれの情報管理ができます。たとえば、登録日やどこから流入したのかなどはもちろん、友だち追加直後のアンケートに回答したのかどうか、回答結果、どこをどれくらいタップしたのか、購入歴や予約歴などの情報をＬＩＮＥに紐づけて管理することが可能なので、運用しながら分析や情報に基づいてセグメント分けをした配信が可能です。

なお、タグづけと友だち情報の管理については、次のＱＲコードからＬステップを開発したManeql社の公式ブログを参照ください。

タグづけと友だち情報の管理
「Ｌステップのタグと友だち情報欄の違いは？　特徴やそれぞれの活用方法を紹介」

Section 04

Ｌステップ活用のフロー

●Ｌステップ活用のフロー

次にＬＩＮＥ公式アカウントにＬステップを連携させた「自動で売れるセールスの仕組み」を活用して、成果をあげていくまでのフローです。

①全体像をつくる

この仕組みでめざす目標にむけての全体像とコンセプトをつくります。

②リソースを洗い出して、目標値を設定する

過去に受け取った大量の名刺や既存顧客のリストなどすでに抱えている貴重な資産

がどのくらいあるのかを確認し、ＬＩＮＥ公式アカウントへの友だち追加をどのくらいの数までにするのか、集客商品の売り上げ、収益商品の売り上げについて目標値を設定します。

③アカウントの構築

目標を達成させるために必要なアカウントの構築をします。設定を行う際には、必ず自分のスマートフォンにテスト送信をおこない、設定したボタンをタップするなどのチェックを欠かさずしてください。

④友だち追加の施策を実施する

過去に受け取った名刺や既存顧客リストに載っている個人情報を活用してＬＩＮＥ公式アカウントへの友だち追加を促します。

⑤友だち追加してくれた人にシナリオ配信を開始して顧客教育をする

事前に設定しておいたシナリオ配信で顧客教育を行います。商品の魅力や他社との差別化ポイントなどに触れ、見込み客が商品やサービスを購入することで今の悩みをどのように解決できるのか、どんな未来が手に入るかなど、イメージできるような配信を届けます。

⑥成果・CV（コンバージョン）

シナリオ配信で最終的に誘導するゴールは五つです。

・商品やサービスを販売する
・問い合わせや見積もり依頼を受ける
・セミナーやライブ、ワークショップやイベントに参加させる
・個別相談を受け付ける
・アンケートなどに回答させる

⑦成約に至らなかった人向けのシナリオ配信で再び顧客教育を開始

ある程度時間をかけて情報を訴求しても成約に至らなかった見込み客には、成約に至らなかった人向けのシナリオ配信を開始します。

●読んでもらえるLステップ運用のポイント

シナリオ配信は文章を並べるだけだと飽きられてしまいます。最近は文字が読まれにくい傾向にあるので、文字と一緒に画像も組み合わせて配信していきましょう。商材やビジネスモデルにもよりますが、最近

● Lステップ活用のフロー

①全体像をつくる
↓
②リソースを洗い出して、目標値を設定する
↓
③アカウントの構築
↓
④友だち追加の施策を実施する
↓
⑤登録者にシナリオ配信を開始して顧客教育をする
↓
⑥成果・CV（コンバージョン）
↓
⑦成約に至らなかった人向けのシナリオ配信で再び顧客教育を開始

の傾向だと動画を使った商品説明やプロモーションを配信するなどして訴求していくことも効果的です。いろいろと工夫を重ねてシナリオ配信をしていくと見込み客からの反応が集まってきます。

文章作成の基本はワンメッセージ、ワンテーマです。言いたいことをあれもこれも詰めこまずに、まずは配信のテーマと目標を設定します。その目標達成に向けて訴求すべき内容を一つに絞り配信内容を考えましょう。

ついつい長々と書いてしまう人もいますが、文章量は最大でもスマートフォンの一面に収まる分量が最適です。メルマガやブログでは文章は冒頭から表示されるので、タイトルや書き出しが魅力的であれば長文であっても読んでもらえる可能性は高いですが、ＬＩＮＥの場合は文末から表示され、書き出しから読んでもらうためには何度もスマートフォンをスクロールして上に戻る必要があり、長文だと離脱が非常に多くなります。

もし、どうしても訴求したい内容を一面に収めることが難しい場合には、ＬＩＮＥ

公式アカウントの機能にあるLINEVOOMに長文を書いてリンクを載せるか、ブログ記事やYouTubeなど外部サイトに誘導させて「詳しくはこちら」という訴求をいれることで文章量を削減する工夫をしましょう。

●リアル店舗ではこんな使い方も

店舗やサロンなどでは、来訪者用にQRコードを設置し、「いらっしゃいませ。こちらのQRコードを読み込みお願いします」と声掛けを行い、QRコードをピッと読み込ませる流れで受付を行うと「本日はご来店ありがとうございます。こちらから問診にお答えください」と回答フォームで作成した問診票がお客様のスマートフォンに届く設定をしておくと便利です。お客様自身でスマートフォンから記入いただくとその時点で個人情報の記入も管理もすべて完結します。こちらでカルテを起こす必要がなくなり労力が削減できます。同意書なども入れられるので、美容サロン、美容室、整体などカルテや同意書が必要な業種・業態との相性は抜群です。合わせて来店前の事前教育や予約前日のリマインド、施術後のケアメッセージ、クチコミ依頼、再来誘導、紹介依頼なども作り込んでおくことができるので、顧客管理や販促業務をかなり効率化できます。CSV機能を活用することでセールスフォースやキントーンなどの既存の顧客管理システムとも連携が可能です。

●新商品の販売やキャンペーンはまずは既存客や見込み客に対してテストする

新しい商品やサービスを企画、販売する際には、すでにLINE公式アカウントに友だち追加をしてくれている人たちに対してアンケートやテスト販売という形でニーズ調査を行なったうえで、調査結果を元に商品やサービスを改善し、確実にニーズがあると確信できたものにだけ新規の集客向けに広告費をかけて販売戦略を練っていくと空振りの危険性が下がります。

Chapter 4

名刺獲得から LINEの友だち追加を してもらう までのフロー

Section 01

まずは名刺交換からはじめよう

新規の名刺を獲得しよう

机の上に山積みになっている過去に交換した名刺もそこから掘り起こしを続けているだけではいつか底をつきます。既存顧客のリストも同じです。

Chapter4では新規の名刺を獲得していく方法とコツ、そして名刺獲得後からLINE公式アカウントへ友だち追加してもらうまでのフローを紹介します。

ここまでのChapterでLINE公式アカウントとLステップを連携させて、あとは手元にある過去に名刺交換した人たちや既存客がLINE公式アカウントに友だち追加さえしてくれたら、売り上げを上げるための大きな課題となっていた新規集客に関する仕事が大幅にラクになり、肝心な商品提供やアフターケア、顧客満足度の調査や品質向上に向けた研究、組織マネジメントなどに時間が割けるようになります。

ただし、ここで一点理解しておいて頂きたいことは、この仕組みで導入したＬＩＮＥ公式アカウントやＬステップそのものには、新規集客機能がありません。あくまで友だち追加をしてくれた人に対して、顧客教育やコミュニケーションを行なうための仕組みであって、友だち追加されなければ何の意味もありません。なので今後は新規の友だち獲得に向けた名刺獲得が非常に重要です。

ではさっそく、新規の集客につながる新しい名刺をどこで手に入れるのかについてです。まずは定番の経済団体などが主催する交流会に出掛けてみてください。その団体の趣旨にあった属性の人たちに出会えます。

オススメは有料のセミナーや講演会です。無料のセミナー

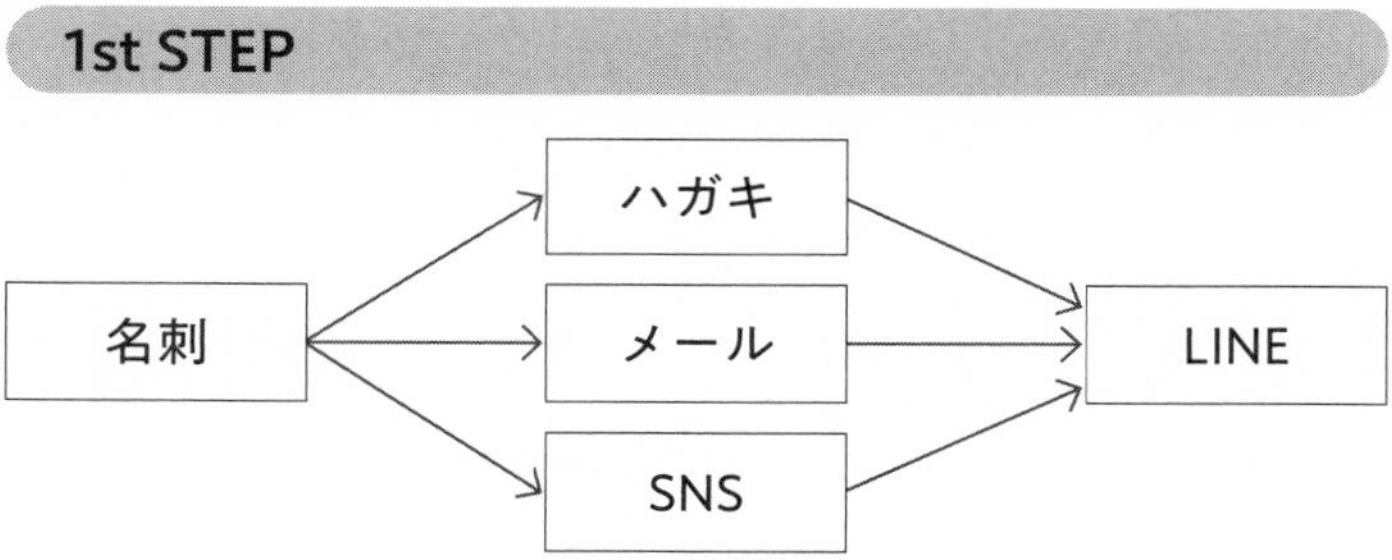

に比べて意識の高い人たちが集まってくる傾向にあります。全国どこであったとしても、県庁所在地などある程度大きな自治体なら、様々な会が定期的に開催されています。商工会議所や銀行が開催するような地元企業の名だたる経営者を招いた講演会がオススメです。それらの開催情報は、中小企業庁からのお知らせや商工会議所・商工会の案内、行政の発行する広報誌、新聞媒体などに掲載されています。そのような情報を見つけたらぜひ行ってみてください。

●たくさんの人が集まるところで名刺を獲得する方法

いま、紹介したような講演会や有料セミナーに出かけた際の名刺獲得方法ですが、とっておきのテクニックがありますので、本書で特別に公開します。

僕は社交的な性格とよくいわれますが、ここで紹介するのは僕のような社交的なタイプの人向けのやり方と、その反対の内向的なタイプの人向けの二つのやり方です。

●社交的なタイプの人向け「講演会やセミナーで新規の名刺を獲得する方法」

社交的なタイプの人は、何の苦もなく普通に名刺交換もできるはずです。したがって特別なことをするまでもないのですが、戦略的に相手の印象に自分を残しつつ、名刺交換をしていく方法を紹介していきますので、ぜひ実践してみてください。

講演会やセミナー会場に到着したら、席は後ろの方を選んで座ります。開演したら、後ろから会場を見渡して参加者の様子をチェックしていきましょう。会場にいる人の中から意識の高い人をみつけます。意識が高い人かどうかを見分けるポイントは二つで、セミナー中に「よく頷いている人」「熱心にメモを取っている人」です。あとで名刺交換をしたい人として、メモをしておきます。

多くの場合、講演会やセミナーでは質問タイムが設けられていますので、「質問はありますか」といわれたら真っ先に「はい！」と手をあげて大きい声で質問をするようにしてください。マイクがまわってきたら最初に名前を名乗り、どこからきて、どんな仕事をしていて、今日はどんなことを学びたくて参加したかを話します。

誤解を恐れずにいってしまうと、正直、ここで質問する内容や答えはどうでもいいのです。とにかく手をあげてください。何を聞いていいか分からない場合は、講師が講演やセミナーのなかで話した内容で心に残ったところを深堀りしたり、もう一度聞き直すだけで十分です。講師も喜んでくれますし、会場の人たちのためにもなります。この場で質問をする目的は、会場の全員に自分の存在を認知してもらうことです。

このようなセミナーや講演会が終わると、参加者は名刺を持って講師の前に列をつくります。でも名刺をたくさん獲得したいと思っているあなたは、こんな行列に並ぶ必要はありません。ここでやることは、講演中に会場で後ろからチェックした熱心な意識の高い人たち一人ひとりに名刺を持って挨拶をし、名刺交換をしてください。「こんにちは。先程、後ろから拝見していたのですが、すごく熱心に聞いていらしたので、何をされている方か気になったのですが、よかったらご挨拶させていただけないでしょうか」と声を掛ければ、ほとんどのケースでこちらが何も聞かなくても相手からいろいろと語り出してくれます。相手もこちらが大勢の前で質問をしているのを知っているので「先程、質問をされた方ですよね」と認識してくれています。

講師には列がなくなった頃を見はからって、挨拶に行ってください。すでに質問をしていることからも講師の印象にも残っていることは必然です。

会場をあとにする前に、運営しているスタッフの人たちにも挨拶をしながら名刺を渡し、交換してください。そうすると「先ほど質問してくださった方ですね」という反応になります。

●内向的なタイプの人向け「講演会やセミナーで新規の名刺を獲得する方法」

内向的なタイプの人は、なかなか自分から声を掛けることができませんから、人より早く会場に到着して入口に立ち、入場してくる人に笑顔で会釈します。そうすると、必ずといっていいほど社交的なタイプの人が「よかったら名刺交換させていただけますか」と声を掛けてくれるので、そこで名刺交換をしてください。

また早く到着していると運営しているスタッフも気にして「今日はどちらからいらっしゃったのですか」などと声を掛けてくれるケースも多いです。

●社交的なタイプの人も内向的なタイプの人もボランティアに名乗り出よう

終了後はスタッフに「今日はとても感動しました。次回以降、何か僕にできることがあればお手伝いさせていただけませんか」と言ってみてください。もしここでボランティアスタッフになれたらこちらのものです。スタッフになれば「私、この会の手伝いをさせてもらっている者です」と言うだけで、簡単に相手の名刺を受け取ることができます。もし一回でボランティアスタッフになれなかったとしても、同じ主催者が開催するセミナーに二回三回と足を運び、ゆっくり信頼関係を築いてください。

講演会やセミナーのあとには、懇親会が開催されるケースもあります。親密な関係を作るチャンスですのでできる限り参加しましょう。ポイントは参加者全員とつながりを持つよりも、この人と出会えてよかったと思う一人と深いコミュニケーションを取ることです。積極的にたくさんの人と親しげにあいさつをしているようなタイプの人を見つけて声を掛けてみてください。影響力のある人やムードメーカーになる人とつながることができれば、友人・知人を紹介してくれることもあります。自分で声を掛けるよりも第三者の紹介があった方が圧倒的に信頼をされやすいので、親しい人たちを紹介してもらえるようにお願いしてみることもオススメです。

いただいた名刺に記載のある連絡先には、翌日、何かしらの形でお礼のメッセージを送ります。「昨日お会いした冨田です。大変勉強になるお話をありがとうございました。またお会いできるのを楽しみにしています」というような簡単な内容で構いません。たったそれだけで、相手からの印象はガラリと変わります。

もし可能なら一緒に写真を撮ってメッセージに添えて送ってください。人の顔を覚えるのが苦手な人でも相手の顔を忘れにくくなります。後から見直せば、誰だか分からないというようなことも少なくなります。

Section 02

獲得した名刺を整理しよう

●思い込みで名刺の仕分けはするな

ここからはセミナーや講演会、交流会に出掛けて手に入れた新しい名刺と、過去に受け取った机上の名刺をどうやって整理するのかを解説します。

手元にある名刺のなかには、しばらく会ってなかったりすでに事業を辞めていたりする人の名刺もあると思います。しかし基本は、こちらの勝手な思い込みでそれらの名刺を処分しないでください。

なぜ、こちらの主観で名刺を仕分けしてはいけないのか。理由は、本書で紹介している「自動で売れるセールスの仕組み」を導入して成功し、成果をあげているクライアントたちが皆同じように「この人に買っていただけるなんて思わなかった」と言っているからです。なので、自分の思い込みで「この人には買ってもらえないだろう」などと名刺を処分しないでください。

集めた名刺は、あなたの大切な資産です。名刺を紙で持っておくことに抵抗がある人は、名刺をすべてスキャンしたあとに処分することをオススメします。

●オススメの名刺管理アプリは

名刺に載っている個人情報の管理は、読み込んで記録できるスマートフォンアプリの「マイブリッジ」がオススメです。スマートフォンで撮影するだけで名刺情報をデータ化できて、検索もしやすい。共有名刺帳をつくれば社内にある名刺すべてを一括管理できます。もちろんエクセルでダウンロードもできるので、使い勝手も良いです。

●名刺への再アプローチはあらゆるツールで

名刺に載っている個人情報には、住所、電話番号、メールアドレスなどさまざまな情報がありますが、それをフルに使って再アプローチをかけることが基本です。一人に対してハガキを郵送し、メールも送り、さらに携帯電話のショートメッセージでも連絡を取る、というようなこともあります。

一枚の名刺に対してそこまでやるのはしつこいのではないか、と思うかもしれませんが、その人がハガキ、メール、ショートメッセージの全てをチェックしているわけではありません。届いていても見ていない

● myBridge（https://mybridge.com/）

可能性もあります。それらのリスクを回避する意味にもなりますし、そのすべてに目を通していたとしても、それがすべて同じ日の同じ時間で届くことはまずないので、相手にとってはリマインドになります。

会社に届いたメールを開封して興味関心を持ったとしても、様々な理由ですぐに友だち追加をしないケースやついつい忘れてしまうケースがよくあります。複数のアプローチを行うことでリマインドになり、結果として友だち追加漏れを減らすことができます。

長くビジネスをやっていれば、顧客台帳やカウンセリングシート、ヒアリングシートなどの個人情報が膨大な量になっているはずです。そのリストにも再アプローチをしていきましょう。

Section 03

名刺の住所へハガキを送付しよう

●ハガキのデザインはプロに依頼

名刺が手元に揃い、名刺管理アプリで整理をしたら、いよいよ再アプローチです。まずは住所に送るハガキについてです。

宛名書きは名刺アプリのデータをつかって、年賀状ソフトなどで宛名印刷をしていきましょう。ここで気をつけて欲しいのは、名刺と既存顧客のリストの重複です。同じ人にハガキが三通も届いてしまうことのないように重複はチェックするようにしてください。

ハガキのデザインはプロに依頼することをオススメします。一般的にデザイナーへの依頼は、インターネットで探すのであればクラウドワークスなどに登録しているデザイナー、または町の印刷会社にデザインから印刷まで依頼するなどの方法があります。

●デザイナーの見極め方

デザイナーを探す場合の良いデザイナーとそうではないデザイナーの見極め方について触れておきます。

・ポートフォリオが充実している
・評価が高い
・良いクチコミが多い
・自己紹介など文章が丁寧（SNSで検索をして投稿をチェックするのもオススメ）

●発注をする際にデザイナーに伝えること

デザイナーにデザインを発注する際には次の点を伝えるとデザイナーにも喜ばれますし、高いクオリティのものが納品されたり、無駄なコミュニケーションを減らすことにも繋がりますので、発注の際にはこれらの情報をまとめてデザイナーに伝えてください。

・自身の会社概要、ビジョンや経営理念
・クライアント像
・ターゲット（ペルソナ）
・目的
・参考となるデザイン
・訴求したいメッセージ
・画像や写真など必要素材

・予算
・希望する納期
・納品形式

僕の場合は、イメージする形容詞を伝えたり、ターゲット（ペルソナ）に近い人物のイメージを芸能人でたとえたり、デザインの世界観をテレビ番組や雑誌、映画などにたとえて伝えることが多いです。

●レイアウトのポイント

ハガキをデザインする際のレイアウトのポイントをオモテ面と裏面それぞれ紹介します。

[オモテ面]

①「このハガキは、大切な方だけに送っている特別なご案内です」などの文言を入れる

「大切なご案内」「大切なお客様だけに送ります」と書いておくと、不特定多数に送られているわけではなく「特別扱いしてもらっている自分に届けられた」と意識されて、ハガキを読んでもらえる可能性が高まります。

②発送元を明記する

ハガキのオモテ面を見ただけで、どこの誰から届いたハガキなのかがひと目でわかるように、会社名、店舗名をいれておきましょう。

【裏面】

①一秒でわかる！　何を訴求しているのかを理解できるデザイン

● 札幌のエステサロンが実際にお客様に送ったハガキ

パッと見ただけで訴求したいものが何か、小学生でもわかるような案内になっているかどうかが重要です。

②顔出しする（発送元の人物写真を載せる）

経営者やスタッフの顔がわかる写真はあった方が、圧倒的に反応がよくなります。一度名刺を交換していて面識がある人たちなので、あなたの顔がわかれば安心感につながります。ただし、ドヤ顔やふん反り返った写真ではなく、親しみがある笑顔の写真はやはり反応がいいです。

③見込み客にとってほしい行動を明確に記載し、友だち追加のQRコードを載せる

ハガキを見た人に何をしてほしいのかを提示します。LINE公式アカウントに友だち追加してもらえるように誘導をおこなってください。「LINE公式アカウント始めました」ではダメです。それでは単なる報告ですから、友だち追加には結びつきません。何を訴求したいのかを明確に示します。これをコールトゥーアクション（CTA）といいます。

よくあるコールトゥーアクションの例をいくつか紹介します。

・お申し込み／お問い合わせはこちら
・ご予約はこちら
・今すぐ特典をゲットする
・今すぐ資料を無料請求する
・無断診断を試してみる
・セミナーに参加する
・詳細を見てみる

本当に細かな部分ですが、たった数文字の違いで反応率が数%、売り上げにすると数万円から数千万円変わることもあります。ハガキの内容に沿った明確で分かりやすいコールトゥーアクションを考えてみてください。

Section 04

名刺のメールアドレスにメールを送ろう

●テキストメールで送ろう

名刺に載っている住所にハガキを送付したあとは、メールを送りましょう。

メールの形態には二種類あります。「HTMLメール」と「テキストメール」です。「HTMLメール」は画像や色などを入れられて視覚的に訴求できますし、開封されたかどうかも確認できるのですが、反面、メールシステムで迷惑メールと認識されて迷惑メールボックス行きになってしまうケースもあります。

なので個人的には「テキストメール」を推奨しています。テキストをいれるだけで簡単にメールが作成できますし、到達率も高いからです。

●送る回数と頻度は

メールは複数回送ります。もちろん内容はすべて違うものにしてください。近々のクライアントの例では、三日に一度の配信を正味二週間続けて、ＬＩＮＥ公式アカウントに友だち追加をしてもらえるように設計しています。ステップメールで顧客教育をしたあと、ＬＩＮＥ公式アカウントへの友だち追加を促すイメージです。ステップメールとは、こちらで指定したタイミングと順序でメールを送る仕組み化された配信メールシステムです。

●読んでもらえるメールの文例

メールは開封して読んでもらわなければ、次につながりません。読んでもらえるステップの基本設計は次のとおりです。

・一通目：再アプローチのごあいさつ
・二通目：新サービス（商品）を販売の理由
・三通目：よくある質問
・四通目：お客様の声

読んでもらえるステップメールの文例を簡単に紹介しておきます。どのメールにも最後に必ずＬＩＮＥ公式アカウントへの友だち追加を促しましょう。

一通目：再アプローチのごあいさつ

> こんにちは！
> 株式会社〇〇です。
> このご案内は弊社スタッフと一度でも名刺交換をさせていただいた方にのみお送りをしています。

（ここで、時候のあいさつをいれてください）

今回、日頃お付き合いをさせていただいている方だけにお送りしている特別なご案内をさせてください。

弊社では、この度○○や○○にお悩みをお持ちの方に向けて○○サービスを開始します。

この度の新サービスの開始にあたり、特別なモニタープランをご用意しました。通常○○円で販売している○○をこのメールをご覧の方限定で○○円で販売をいたします。

もし○○のようなお悩みをお持ちでしたらきっとお役に立てると思いますので、ぜひ詳細をご覧ください。

詳細・お問い合わせなど

LINE公式アカウントよりご案内をしていますので、以下のURLより友だち追加をお願いします。

（ここにLINEの友だち追加ができるURLを載せてください）
なお、友だち追加をするだけで○○をプレゼントしています。

今後ともよろしくお願いします。

二通目：新サービス（商品）を販売の理由

こんにちは！
株式会社○○です。

この度、新しくはじめることになった〇〇サービスは、お客様の一言から生まれました。

『もっと〇〇な〇〇があればいいのに……』

その一言が気になって色々リサーチをしてみると、同じようなお悩みを抱えてる方が大勢いることが分かりました。

そこで弊社でその課題を解決する方法を試行錯誤した結果今回新サービスを開始することとなりました。

もし〇〇のようなお悩みをお持ちでしたらきっとお役に立てると思いますので、ぜひ詳細をご覧ください。

詳細・お問い合わせなど

LINE公式アカウントよりご案内をしていますので、以下のURLより友だち追加をお願いします。
（ここにLINEの友だち追加ができるURLを載せてください）
なお、友だち追加をするだけで○○をプレゼントしています。
今後ともよろしくお願いします。

三通目：よくある質問

こんにちは。
株式会社○○です。
今日は、実際にいただいたご質問についてのお答えを紹介します。

Q.

A.

Q.

A.

もし○○のようなお悩みをお持ちでしたらきっとお役に立てると思いますので、ぜひ詳細をご覧ください。

詳細・お問い合わせなど

ＬＩＮＥ公式アカウントよりご案内をしていますので、以下のＵＲＬより友だち追加をお願いします。

（ここにＬＩＮＥの友だち追加ができるＵＲＬを載せてください）

なお、友だち追加をするだけで○○をプレゼントしています。
今後ともよろしくお願いします。

四通目：お客様の声

こんにちは。
株式会社○○です。
今日は新サービスをご利用いただいたお客様からの声を紹介します。
○○県 ○○代 男性 ○○様
（実際に届いたお客様の声）

○○県 ○○代 男性 ○○様
（実際に届いたお客様の声）
○○県 ○○代 男性 ○○様
（実際に届いたお客様の声）

もし○○のようなお悩みをお持ちでしたらきっとお役に立てると思いますので、ぜひ詳細をご覧ください。

詳細・お問い合わせなど
ＬＩＮＥ公式アカウントよりご案内をしていますので、以下のＵＲＬより友だち追加をお願いします。

（ここにLINEの友だち追加ができるURLを載せてください）
なお、友だち追加をするだけで○○をプレゼントしています。

今後ともよろしくお願いします。

すべてこれらはあくまでイメージです。ご自身の商品やサービスなどに置き換えて
次に紹介するポイントを踏まえて構成を考えてみてください。購入したくなる理由付けをして、購入しない理由を潰していくイメージです。

・どんな悩みが解決できる商品なのか
・なぜそれを販売しようと思ったのか
・どんな人が買っているのか
・買った結果どんなことに満足をしているのか

・もし期待する結果が出なかった場合どんな保証をしてくれるのか

なかでも利用者の声・購入者の声は最も効果的な訴求の一つです。これらは財産となりますので、日頃から努めて集めるようにしてください。

利用者の声・購入者の声を集める際に、ヒアリングすべき点は次のとおりです。

・どんなお悩みを持っていたのか
・どうして購入しようと思ったのか
・実際に購入してみてどうだったのか
・どんな人にオススメしたいと思ったのか

このような声を集める方法としては、手書きのアンケートを作って配る方法、Ｇｏｏｇｌｅフォームなどで送る方法などがありますが、最もオススメなのは購入してくれた人へのインタビュー動画や担当者との対談動画を撮影することです。撮影したものを必要に応じて編集し、YouTubeなどの動画サイトにアップしておけば、様々な場面で使えます。深夜のテレビショッピングなどでも必ずといっていいほど、実際のお客様へのインタビュー動画が流れます。利用者の声・購入者の声というのはそれだけ重要です。

最近では、不特定多数に送っているのにも関わらず「あなたにだけ送っています」などと嘘をついて訴求したり、不安を煽ったりする事例もみられますが、個人的には推奨していません。そのような訴求で販売すると目先の売り上げは伸びますが、クレームや悪いクチコミが増えるなど中長期的に見ると必ず損をします。

Section 05

SNSアカウントでも友だち追加を促そう

●名刺に記載の名前で検索し、SNSアカウントから友だち追加を促そう

一般的にこれだけSNSをやっている人がいる時代ですから、名刺にもFacebookやInstagram、X（旧Twitter）などのSNSアカウント情報を載せている人は多くいます。

名刺にSNSのアカウント情報が載っていたら、相手を検索しフォローし、メッセージを送りましょう。アカウント情報がない場合でも、漢字フルネーム、アルファベット、会社名などで検索すればヒットする場合が多いです。

メッセージを送る際には、どこで会った誰なのかを記載するようにすると親切です。相手に自分を正しく認識してもらうためにも、自分の運用しているSNSのプロフィ

ール欄は整えておきましょう。会社名、事業内容、実績、所属団体などのほか、顔写真の掲載をしておけば安心です。

またSNSの投稿内容はあなたの人間性を表しますので、経営者としてはもちろんですが、人として人間性を疑われるような批判的・攻撃的な投稿は控え、大切にしている価値観や考え方、実績やクライアントとの信頼関係を表すような投稿や他人を称えるような投稿で埋めておくと印象が良くなります。

●SNSでLINE公式アカウントへ友だち追加を促す方法は

SNSからLINE公式アカウントへ友だち追加をしてもらう誘導のやり方ですが、基本はどのSNSも同じで促し方は二通りです。

一つ目のやり方は、投稿からLINE公式アカウントへの友だち追加を促していく方法です。のちほど代表的なSNSでの具体的な投稿例の写真を紹介しますので、そちらを参考にしてください。

二つ目のやり方は、それぞれのSNSに付随しているメッセージ機能をつかって、個別メッセージを送る方法です。送るメッセージの内容は、テンプレートをいくつか用意し、その人の投稿しているタイムラインを見ながら、必要に応じてテンプレートに加筆したものを送ってください。

●「投稿記事＋個別メッセージ」で大幅に友だち追加率が上がる

SNSの投稿から友だち追加をしてくれる割合は、一投稿すると全フォロワー数に対して平均で1～3％です。そこに個別メッセージをプラスすると大幅に友だち追加してくれる割合が増えます。送信数に対して30％の追加があれば合格です。ただし、これはあくまで日頃のSNSの運用状況や、つながっているフォロワーとの関係性にもよりますので、あくまで参考程度に考えてください。

誰でも簡単に友だち追加ができるLINE公式アカウントですが、ここまで伝えてきたとおり、アカウントを作っただけでは何の意味もありません。友だち数を増やすために戦略的にアプローチをしていくことが大切です。友だち追加特典として無料○○診断やPDFプレゼント、クーポンや限定動画など見込み客にとって興味をそそれるような魅力的なものを用意できるかどうかで結果は大きく変わってきます。どんな特典だったら欲しいと思うか、ぜひ実際のお客様やターゲットとする人たちに近い属性の人にヒアリングをしてみてください。

●Facebook

ここからは代表的なSNSごとに、LINE公式アカウントへの友だち追加を促すときの投稿を紹介します。

まずはFacebookです。Facebookは実名でのアカウント登録が推奨されていますので、手元にある過去に受け取った名刺の個人情報からフルネームで検索してみてください。他のSNSに比べて比較的簡単に見つけることができます。投稿は定期的に行い、投稿のテキストにはLINE公式アカウントへの友だち追加に繋がる訴求を記載することがオススメです。投稿内容は自身のビジネスに関する内容と人間性を表すようなプライベートな投稿を8：2くらいの割合で行うとバランスが良いです。

● 拝田昇様Facebook投稿

固定された投稿
拝田 昇
2022年10月6日・
とんでもないLINE公式アカウントを作りましたので、登録お願いします！
本日より噂の『LINE公式アカウント』の運用を始めました。
ご登録の特典として
経営者必須の『着こなしNG集』をプレゼントいたします。
ぜひ参考にいただけると嬉しいです。
▼登録はこちらから
https://lstep.app/iYKO6eg
PS.昨日から青森県に来ております。
今回は4日～14日まで青森県に滞在し、各地でオーダー会を開催いたします。
たくさんの方にお会い出来るのを楽しみにしております。
PRESENT
完全保存版
ビジネスシーンで
必ず役立つ
すぐ実践できる
スーツのマナー
誰も教えてくれない
NGな
スーツの
着こなし7選
SARTORIA FISTY
TAP HERE
タップして
特典を
受け取る

プライベートな投稿をする時はただ外食先で食べた食事の写真を載せるなどではなく、そのお店での学びや感動体験のシェアなど見た人にとって有益な情報を投稿するようにしてください。

Facebookの利用者層は、若年層よりも30代~50代、60代が多く、日頃から親しくしている友人や親和性の高いつながりのある人などの投稿が優先されてタイムラインに流れてきます。先ほども伝えましたが実名制を前提としているため、個人ページでは人生にまつわる結婚や転職などライフイベントを報告する投稿記事なども多く、友人と長くつながり続けられるSNSです。積極的にビジネスユースしていくのであれば、Facebookページをつくって「いいね」を集めて、その「いいね」をしてくれた人にむけた記事を投稿したり、限定した人たちと投稿を共有してコメントしあえるFacebookグループも活用してみましょう。LINE公式アカウントの友だち追加の促進につながります。

●X（旧Twitter）

次はXです。Xでは、LINE公式アカウントの友だち追加のURLを、アカウントのプロフィール欄に貼ります。ポストを見てくれた人が興味を持ってくれたときに、はじめて見にきてくれるのがこのプロフィール欄です。見にきてくれた人のうちの数%がここからLINE公式アカウントに友だち追加してくれます。

しかしこれだけでは、Xの特長である拡散にはつながりません。拡散につなげる施策として、ポストでも友だち追加のURLを投稿し、そのポストをプロフィール下に固定してください。Xの特性上、当然、ポストは拡散されますので、プロフィール欄に貼ったURLよりも圧倒的にインプレッション数は大きくなります。ポストしたあと何日かするとタイムラインには出てこなくなりますが、固定にしておくと、それがリポストされたときに、そこからまた拡散されていきます。

Xの利用者層は、Facebookとは異なり10代・20代の若年層が中心。そして匿名性です。Xのポストは短文で人々の本音が出やすく、リアルタイム性に優れています。リポストで他の人のポストや自身のポストも簡単に再投稿できることから、ほかのＳＮＳよりも大きな拡散力があります。ＬＩＮＥ公式アカウントの友だち追加を増やすには、この拡散力を大いに活用すべきです。

固定するポストのパターン

①プレゼント企画でフォローとリポストを促す
②魅力的な登録特典を用意してＬＩＮＥ公式アカウントの友だち追加ができるＵＲＬに誘導する

● 株式会社コートーコーポレーション様Xのプロフィール

● 荒井ゆたか様Xの投稿

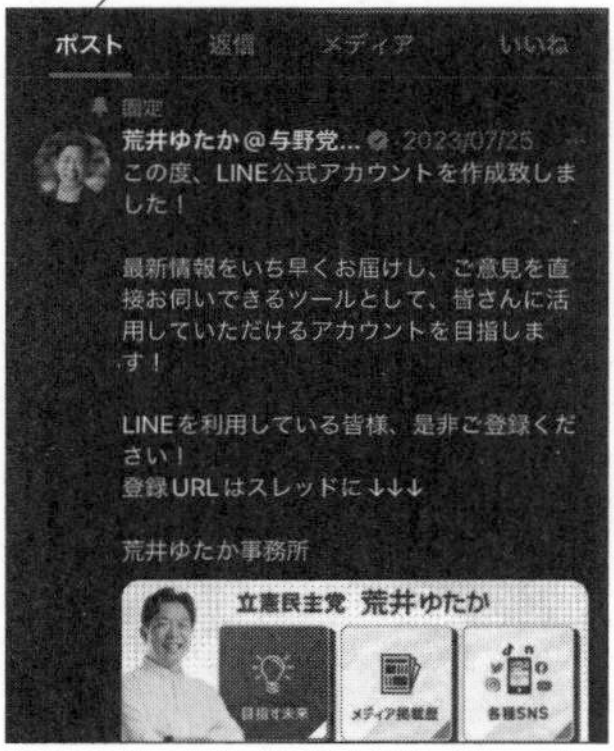

● @hakkoginger
Instagramの投稿記事

● 株式会社イット様の
Instagramのプロフィール

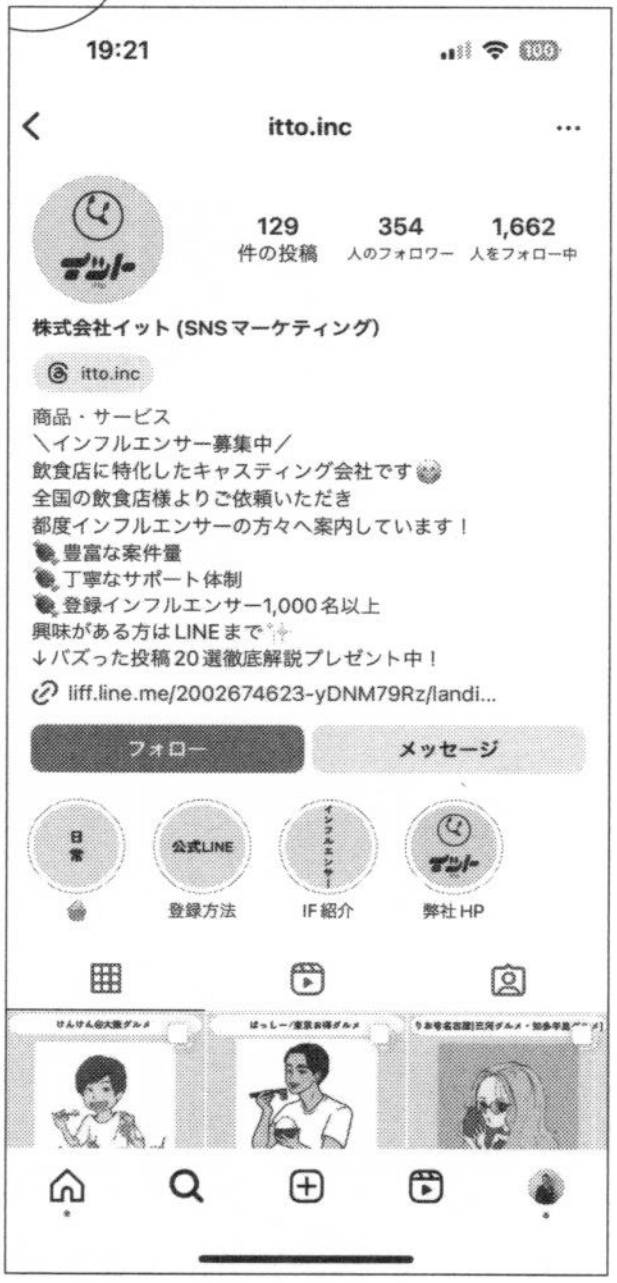

●Instagram

Instagramも X同様にプロフィール欄にLINE公式アカウントの友だち追加のURLを貼ってください。記事にはURLは貼れませんので、投稿する記事の文字列のなかに「@hakkoginger」のようにして@のあとにインスタグラムIDを入れておくと、記事からプロフィール欄に遷移できるようになります。ここからLINE公式アカウントへの友だち追加を促していきましょう。

● @conisen_fishの投稿記事

Ｉｎｓｔａｇｒａｍの利用者は、20代が最も多く、次いで10代、30代と続きます。画像や動画などに特化したＳＮＳです。「インスタ映え」という言葉が流行したのは、もうずいぶん前の話になりますが、画像や動画で世界観をうまく演出していけると注目度が高まります。親和性のあるビジネスをしている人はぜひ活用してください。投稿記事から興味を想起させられたら、ＬＩＮＥ公式アカウントへの友だち追加につながります。

補足ですが、友だち追加の状況は、Ｌステップの流入経路分析の機能を活用することで事細かく分析することが可能です。どこからどれくらい友だち追加されているかだけでなく、最も成約につながりやすい流入経路を検証したり、それぞれの属性の違いを分析したりすることも重要です。ブログやＹｏｕＴｕｂｅ、メルマガなどを活用する場合には、すべての投稿ごとにＵＲＬを変えることで、どの投稿がどれくらい成果を上げているのかを検証し、成果の上がりやすい投稿を量産していくことをオススメしています。

メディアに露出する際やインフルエンサーとコラボをする際もこの機能を活用すると成果を計測しやすくなります。

●SNSは幅広く見込み客に認知させるツール

SNSはたくさんの人に幅広くリーチできるツールです。信用につながる優良な情報発信を続けてシェアや「いいね」を獲得し、認知を広げていきましょう。

これができるようになると、あなたの投稿した記事がたくさんの人の目に触れる機会を得られます。潜在的な悩みや課題を想起した人はその後も注目してくれて、フォローや「いいね」、コメントやシェアなどのアクションをもらえますので、様々な施策を通じて、LINE公式アカウントに誘導してください。

SNSからLINE公式アカウントへ友だち追加をしてもらえたら、そのあとは名刺の個人情報や既存顧客に再アプローチするときと同様に、自身のビジネスや業務形態に適した内容のシナリオ配信が流れるように設定しておくことで自動で顧客教育を行い、ＳＮＳで集めた見込み客との信頼関係を深めていきましょう。

ＳＮＳの活用で認知を広げていくために、僕が日々やっていることの中から、そのポイントをいくつか紹介しておきます。

・効果的な発信をしていくため、各ＳＮＳの特徴やアルゴリズムを学ぶ
・投稿内容はコンセプトを定める。一貫したものが見えないと伝わりにくい
・目的やゴールを決めて、投稿を習慣化する。闇雲に投稿すればいいというものではない
・目標とするアカウントを見つけ、ベンチマークする
・ベンチマークしたアカウントの投稿の癖や傾向から成功要因を分析し、それをマネてみる
・ＳＮＳ側から提供される分析ツールを使って、「いいね」やシェア、インプレッションなど、日々の数字をチェックする
・つながっている人たちとの交流を意識した投稿をする。こちらからの一方的な内容にな

らないように心がける

・リアクションは求めるだけではなく、こちらからも相手の投稿に「いいね」やコメントのリアクションする

・誕生日や○周年のお祝いごとは、SNS上で最も自然に声をかけやすいタイミングなので積極的にコメントする

ＳＮＳで情報発信をしていく目的は、あくまで見込み客に認知を広げるためです。そこでつながった人たちに「自動で売れるセールスの仕組み」に組み込んだＬＩＮＥ公式アカウントに友だち追加をしてもらって顧客教育を進めることで、成果につながります。それぞれのＳＮＳの特性を理解し、運用を最適化することが大切です。

名刺を獲得し、ＳＮＳで交流し、ＬＩＮＥ公式アカウントに誘導し、顧客教育や双方向のコミュニケーションを行うことで見込み客との信頼関係を構築していきましょう。

Chapter 5

LINEの友だち追加から集客商品セールスまでのフロー

Section 01

集客商品をセールスするまでのフロー

●集客商品のセールスまでの流れ

ＬＩＮＥ公式アカウントに友だち追加してもらったら、次は集客商品のセールスです。シナリオ配信を使って見込み客に教育をはじめます。友だち追加してもらった直後に送られるあいさつメッセージから、商品やサービスの価値、必要性を訴求できる教育コンテンツを作り込みシナリオ配信を組みます。シナリオ配信では販売につながるページへの誘導を行ない、メッセージや画像内に埋め込んだＵＲＬやカルーセルのタップ状況をタグづけして記録することで、成約に至らなかったリストの中でも、興味関心度が高い層をあぶりだすことができます。事前に用意したシナリオ配信に加えて、興味関心度が高い見込み客には個別にアプローチを行ない、不安を払拭することで、成約率が上がります。

成約者には、サンキューメッセージを送り、商品やサービスを提供後、クチコミやSNSへのシェアのお願いと顧客満足度アンケートを実施しましょう。

未成約者には、その人が実際に今抱えている問題や悩み、欲しい商品についてのリサーチをするためのアンケートを実施したり、ダウンセル商品を訴求するなどの別のアプローチをします。

ダウンセルというのは、一周目で成約しなかった人に別の角度から訴求し、踏ん切りがつかない人にダウングレードした低価格商品やお試し商品を提案したりするセールスを意味します。

顧客教育のための教育コンテンツは継続的に送ります

2nd STEP

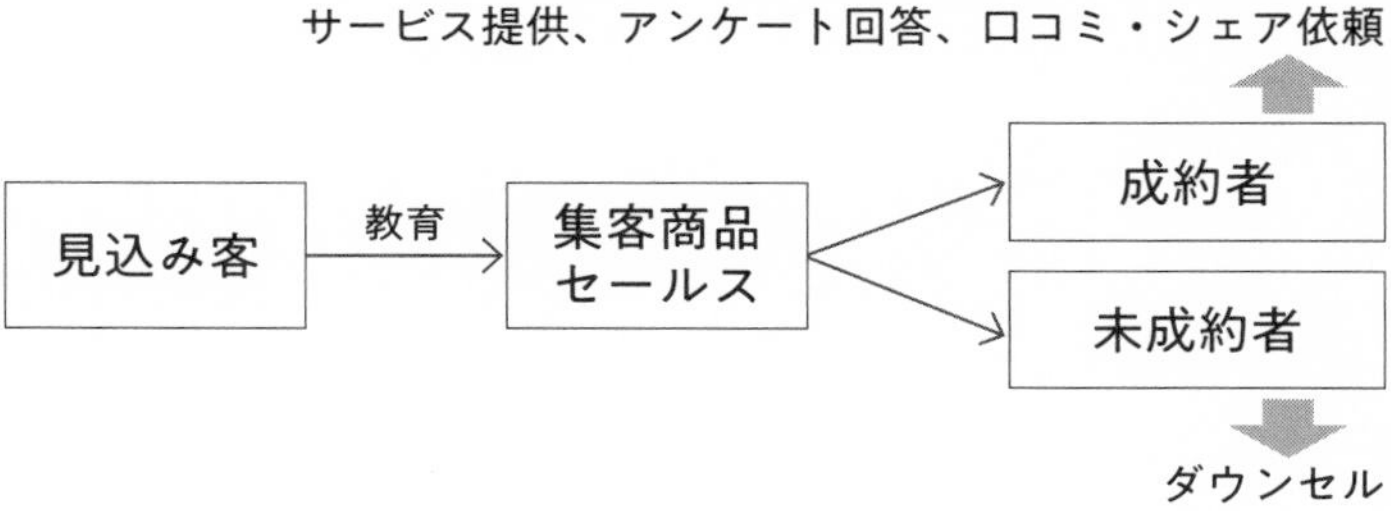

が、ここでは集客商品の購入後に解決できる悩みや手に入れられる未来についての価値を訴求し、購入に対するすべての不安を払拭します。コンテンツの内容とメッセージの配信頻度は商品・商材によって最適回数が異なりますが、一般的には週一回程度が良いとされています。ただし、株取引やスポーツ速報などリアルタイム性の高いものや健康、美容、お金、キャリア、性、恋愛など、生命や生活に深く関わる悩みや人間関係などの悩みの深いものは配信頻度が高くても喜ばれる傾向です。

教育コンテンツの内容についてはこのあとくわしく解説します。

Section 02

友だち追加直後のあいさつメッセージでリサーチする

●双方向のコミュニケーションがとれるメッセージで簡単なアンケートを実施

ここからは集客商品のセールスまでの動きのポイントをひとつずつ紹介します。

友だち追加をしてもらった直後には、あいさつメッセージが届くようにあらかじめシナリオ配信を設定しておきます。

あいさつメッセージでは、LINE公式アカウントへの友だち追加のお礼とこれからどのような情報を配信していくのかを端的に伝え、友だち追加特典を渡してください。

ここでは適切な配信や提案をするうえで知っておきたい見込み客の情報を聞くようにしましょう。このアンケートで聞くべき内容は、業種・業態によって異なりますが、商品やサービスを販売するにあたって最も把握しておきたいことを厳選してください。たとえば保険業であれば現在保険の加入状況、ハウスメーカーなら建てたい家のタイプ、学習塾なら子どもの現在の年齢、などを聞いておくと良いでしょう。

質問は一問一答にしたうえでカルーセル機能を使って選択できる回答案を作っておくと回答率が高くなります。今後の施策に使わないような質問は極力削り、回答している間に離脱されないようにするために質問数は多くても五～六問ほどにとどめます。

質問内容は、答えるのに時間のかからないシンプルで分かりやすいものにしてください。最初から答えにくいようなナイーブな質問や住所や電話番号、メールアドレスなどの個人情報を聞くのは避けた方が良いです。

また「○○さんに最適な情報をお届けするために」「不要な配信を避けるために」「たった○問のアンケートに答えるだけで○○プレゼント！」といったアンケートに答えるメリットも記載しておくとより効果的です。

●あいさつメッセージのアンケートの回答者には特典をプレゼント

あいさつメッセージのアンケートに回答してくれた人には、その人の悩みの解決につながるようなPDFやセミナー動画などを回答特典にしてプレゼントします。Lステップの機能を使った具体的なプレゼントの事例を紹介します。

①回答者全員に統一した特典をプレゼント

アンケートに回答してくれた人全員に「ご回答いただきありがとうございます。こちらの特典をお受け取りください」というメッセージを送り、特典を受け取るためのURLなどを送ります。これが一番シンプルな方法です。

②複数用意した特典から選択できるプレゼント

同じく、アンケートに回答をしてくれた人全員に「回答ありがとうございます。こちらの特典をお受け取りください。」というメッセージを送りますが、特典は一つではなく複数用意するケースです。

用意したプレゼントごとにカルーセルを作成し、それぞれ受け取り用のタップボタンを異なるものにして、誰がどの特典を受け取ったのか把握することでどの特典にどれくらいニーズがあるのか検証する材料にもなります。

③抽選機能を使い、確率を設定して特典をプレゼント

サンプルや書籍など物品を特典にした場合、友だち追加してくれた人全員にプレゼントをしていると、友だち数が増えていくにつれて発送コストなど付随して掛かってくる諸経費が負担になってきます。このような場合には、Lステップの抽選機能を使って特典そのものを抽選券にして設定するのがオススメです。例えば50人に一人当たる確率に設定をして、外れた人には「残念！」当たった人には「大当たり！　こちらの特典をお受け取りください！」といったように設定することができます。

④アンケートの回答に応じた特典をプレゼント

アンケートの回答内容に応じた特典をプレゼントすることも可能です。たとえば、化粧品やスキンケア商品を販売しているとしたら、お悩みに応じて保湿商品や美白商品など特典の内容を変えたり、男性には男性用、女性には女性用など、それぞれの回答に応じ特典をプレゼントしたりすることでより見込み客からの信頼を獲得できるようになります。

●あいさつメッセージは登録元に適したテンプレを用意しよう

あいさつメッセージは自動配信ですが、Ｌステップの流入経路分析機能と使うと、どのＵＲＬやＱＲコードから友だち追加されたかが記録され、それぞれ別のあいさつメッセージを配信できます。Ｌステップのプロプランでしか使うことができない流入経路機能ですが費用対効果を検証してみて、もしペイできるようであれば、ぜひ使って欲しい機能です。ハガキから友だち追加してくれた人には「ハガキを読んでくださりありがとうございます。」、店舗への来店時に友だち追加をしてくれた人には「本日はご来店ありがとうございます。こちらのヒアリングシートをご記入ください。」などあいさつメッセージを最適化することが可能です。

補足ですが、特典を受け取る条件として設定したアンケートに全員が回答してくれるとは限りません。一定の時間をおいて、未回答者にのみアンケートの回答を促すリマインドメッセージの配信を設定しておくと随時対象者にのみ自動でメッセージが送られ、そのうちの一定数が回答してくれます。ぜひ試してみてください。

また、同様にアンケートには回答いただいたものの、特典を受け取っていない人に対して自動でリマインドを設定しておくと特典の受け取り忘れ防止につながります。

Section 03

リサーチ後にしっかりと教育しよう

●見込み客を教育するコンテンツを作成しよう

次はシナリオ配信による顧客教育です。

友だち追加してもらった直後のアンケートに基づいた情報から、商品やサービスの価値、必要性を訴求するための教育コンテンツを動画や音声、テキストなどの形式でシナリオ配信を設定します。

●教育コンテンツの内容は

教育コンテンツの内容は、セールスする商品・商材によって最適解が異なります。

見込み客の気持ちになって見込み客の心が動かされるようなニーズを捉えた内容がベストです。また、流入経路ごとに別のシナリオ配信を設定することも可能です。

具体的には、商品やサービスの販売を通じて、提供できる価値の訴求や、購入に対する不安を払拭、配信を通じて商品の必要性を感じたり、期待が高まったりするような内容であることがポイントです。抱えているお悩みがどのように解決できるのか、購入後の自身の未来を想像できるように論理的、視覚的、数値的な訴求を心がけましょう。特に効果的なのは、事例・実績・ビフォーアフターなど写真や動画で訴求できるもの、表彰や受賞歴、テレビ・雑誌・新聞などメディアへの露出情報、著名人やインフルエンサーなど第三者からの評価、売上高や販売数などです。

次に紹介する「教育コンテンツ　18種」は、見込み客から信頼を獲得するためのコンテンツを考えるときに役立ちますので、ぜひ参考にしてください。

教育コンテンツ　18種

・自社の創業の背景や経緯、社歴

・提供している商品やサービスに対するこだわり
・同業他社との違い、差別化ポイント
・社内の雰囲気や従業員の紹介
・製品開発の見込みやスケジュール、製品完成までのプロセス
・商品（サービス）の販売の流れ
・購入後に得られる未来（ベネフィット）
・販売している商品やサービスに最も適している人物像
・これまでの実績や既存顧客の紹介
・お客様の声、利用者の感想
・受賞歴
・メディア掲載歴
・自社ＰＲにつながる順位
・科学的データ、実証できる根拠
・有名人・専門家からの推奨、推薦

・購入後のアフターサポート、保証内容
・希少性、保持資格・権利
・自社で取り組んでいる社会貢献活動

●配信を通じて信頼関係を築くために

いきなり「見てね」「買ってね」「来てね」「申し込んでね」のようないわゆる「売り配信」ばかりでは、嫌われる傾向にあります。大手企業が運用するＬＩＮＥ公式アカウントは九割以上がこのような配信ばかりですが、これではもったいないです。一見、売り上げにはつながらないようなお役立ち情報や親近感を感じてもらえるようなユーモアのある企画、クイズやなぞなぞのような参加型の配信などを定期的に挟むと反応率が全く変わります。

Section 04

まずは自動でセールスする シナリオ配信

分かりやすい購入導線でセールスしていこう

シナリオ配信で商品やサービスの販売をするためには、シンプルで分かりやすい購入導線を作る必要があります。せっかく配信しても記載してある文章の意味が伝わりづらかったり、購入をしたいのにどこから買えば良いかわからなかったりするような導線では、せっかくの販売機会を逃してしまいます。

かつてアメリカの広告マーケッターであるマクスウェル・サックハイム氏は、人間行動心理について「読まない、信じない、行動しない」の三原則を提唱しています。これはテレビCMや新聞広告などありとあらゆる広告物に共通する考え方ですが、配信においても全く同じです。つい見入ってしまうような自然な導線を作れるか否かで成果は大きく違ってきます。

オススメは同業他社の情報発信を見漁ることです。ホームページ、ECサイト、ランディングページ、申し込みページ、カタログ、広告、SNSなどを見て、どんな内容で訴求されているのか徹底的にリサーチしてください。SNSのコメントや各サイトのクチコミ欄、Ｙａｈｏｏ！知恵袋なども情報の宝庫です。見込み客が購入をためらう理由を想像して書き出せば、より刺さる訴求ができるようになります。

情報発信を行う際には、質問を受けることを前提とせず、見込み客が抱くであろう疑問や質問を先読みし、こちらから情報を提示してください。見込み客は購入を後悔するような買い物は絶対にしたくありませんから、商品やサービスがどれだけ高品質だとしても、買う理由、買わない理由を常に探しています。

成約前に寄せられる質問の定番は、購入後の流れ、費用、支払い方法、納期、保証、メンテナンス、副作用やデメリットなどです。これらの質問は、どのような業種・業態にも共通しています。

Section 05

成約者には感謝とお願い

●サンキューメッセージに記載すべき内容

集客商品が成約したら「ご購入ありがとうございました」と感謝を伝えるサンキューメッセージを送ります。サンキューメッセージに記載すべき内容は次のとおりです。提供している商品やサービス、行っている業種業態によって適切なものを選択して記載してください。

・申し込み内容の確認

購入した商品やサービスの内容の詳細を確認の意味を込めて配信に改めて掲載する。

・商品が到着するまでの流れ

受注から発送、到着までの流れを伝え、発送完了後には到着予定日を掲載する。

・商品の使い方

購入商品の使い方を掲載する。たとえば、購入してもらったスキンケア商品を使うタイミングについて「朝と晩。乾燥が気になるときは、日中、メイクしている上から使ってもＯＫ」などすぐに取り組めるイメージをもってもらえることがポイント。

美容健康関連商品などは効果を感じてもらえると満足度が変わるので、効果を感じるための使い方のポイントを伝えると効果的です。例えば、使用前の顔の写真を撮影し、一ヶ月間使ってみたあとに撮った写真を見比べてもらうなど。

・商品を扱うにあたっての注意

購入商品を長く使ってもらうためのお手入れ方法、製品を長時間の使用する際の注意事項、購入後使う前にすることなど、購入して「失敗した」ということのないように、正しい情報を伝える。

・アフターサービスの情報

保証内容や万が一故障などがあった場合の相談窓口、返品方法なども記載する。

・店舗へのアクセス案内

エステサロンやネイルサロン、美容室など店舗ビジネス、イベントなどの場合、アクセスを案内し、駐車場の有無や当日の持ち物やよくある質問も載せておく。

・オンラインセミナーのＵＲＬ

オンライン開催のセミナーや打ち合わせの申し込みの場合は、予約直後に開催のＵＲＬを送る。開催日前日にはリマインドメッセージを送り、接触頻度をあげる。

・会員サイトのＵＲＬやパスワード

会員登録の申し込みに対しては、登録してもらった直後に会員専用サイトのＵＲＬやパスワードを送る。

●商品・サービス提供後に顧客満足度アンケートへの協力を依頼

顧客満足度アンケートへの協力を依頼し、次の商品の開発や今後のビジネスにつなげていきます。質問事項には、次に紹介する「入れるべき定番の質問五つ」を入れてください。特に収益商品のような高額商品を成約いただいた場合や解消したい悩みが深い状態で商品やサービスを購入したケースでは特に有効です。ただし、ラーメン屋のような手頃な価格帯での飲食店で、このような質問をしてしまうとただのノイズになってしまいますので注意してください。

顧客満足度アンケート「入れるべき定番の質問五つ」

①どんなお悩みがあって、この商品（サービス）を購入しましたか
②購入した一番の決め手は何でしたか（購入の際にどこの会社と比較検討したか）
③実際に購入してみて感想はいかがですか
④どんな人にオススメだと思いましたか（どの程度自分の友人や家族にオススメしたいか）
⑤他にどんな商品（サービス）があったら買ってみたいですか

この五つを入れておくと、その人のざっくりしたニーズがつかめます。一度買ってもらった人からの回答は、次に販売する商品を決める具体的な手がかりとなる大事な情報です。次のＣｈａｐｔｅｒ６でセールスする収益商品を決める際にも欠かせない

情報になりますので、積極的に顧客満足度アンケートを実施してください。

●返信期日は明確に提示する

無料相談の申し込みなど担当者が内容を確認して対応する必要がある場合には、サンキューメッセージとあわせて「担当者より◯日以内に返信いたしますので、今しばらくお待ちください」と送り、返信する期日を明確にしておきましょう。問い合わせや購入直後はお客様の熱量も高いので、できる限り時間をあけずに対応するのが理想です。打ち合わせなど日程調整が必要な場合にはカレンダー予約機能を活用すると作業を大幅に効率化できます。

●ＧｏｏｇｌｅビジネスプロフィールやＳＮＳで使用感や感想をシェアしてもらおう

ＧｏｏｇｌｅビジネスプロフィールやＳＮＳに顧客からの使用感や感想などの投稿

を集められると、その後の集客につながりやすくなります。商品やサービスの提供マニュアルの中にクチコミやSNS投稿を依頼する導線を取り入れてみてください。店舗ビジネスであれば、メニューや店内の至るところにクチコミにつながるポップを掲載したり、物販であれば、同梱物に同様のポップを入れたりすることで一定数の効果ができます。セミナーやイベントでは、投稿するための時間を用意し、その場で投稿してもらうと効果的です。

特に店舗においてはGoogleビジネスプロフィール対策は必須です。Googleビジネスプロフィールは、Googleが無料で提供しているツールで、あらかじめ会社

● 来店後のサンキューメッセージとGoogleビジネスプロフィールへのクチコミ依頼例

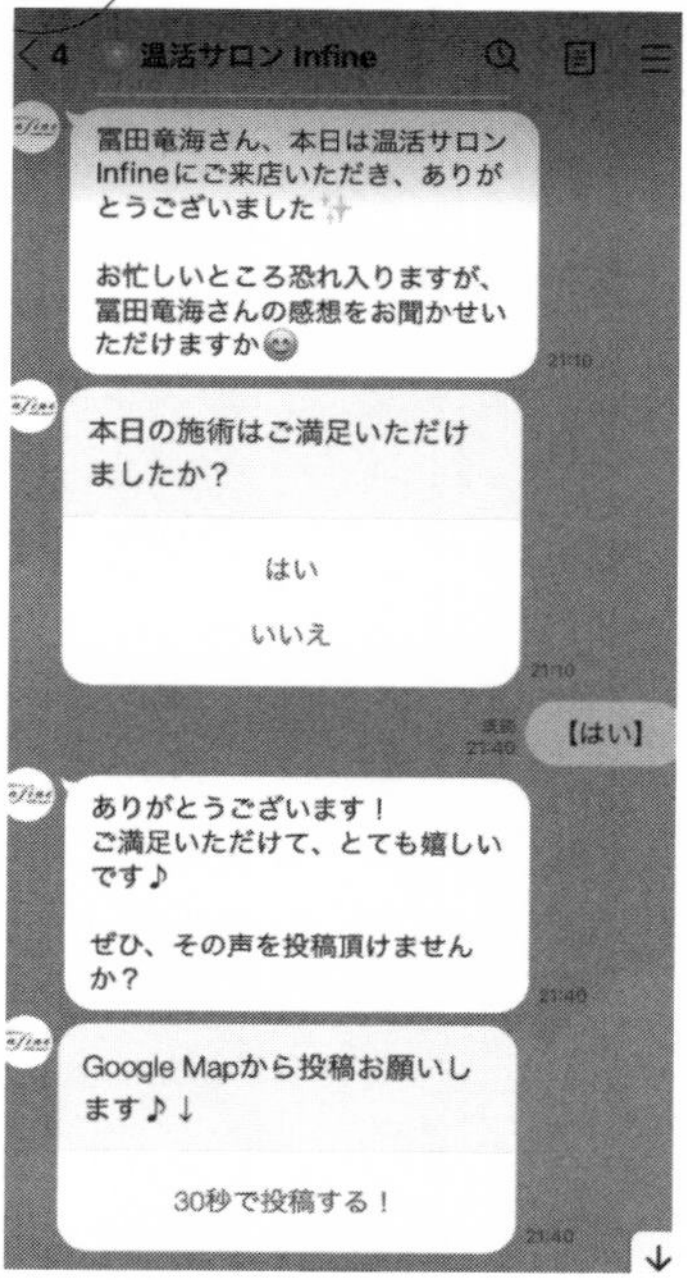

情報や店舗情報を登録しておくと検索時に情報が表示されるようになります。ＬＩＮＥ公式アカウントを活用したクチコミを集める施策としてオススメの方法は、既存顧客に対して、カルーセル機能を使ったアンケートを送る方法です。提供した商品やサービスに満足できたのか、満足できなかったのかを二択でたずね、「満足できた」と回答した人については、Ｇｏｏｇ

● Instagramからのクチコミ募集例

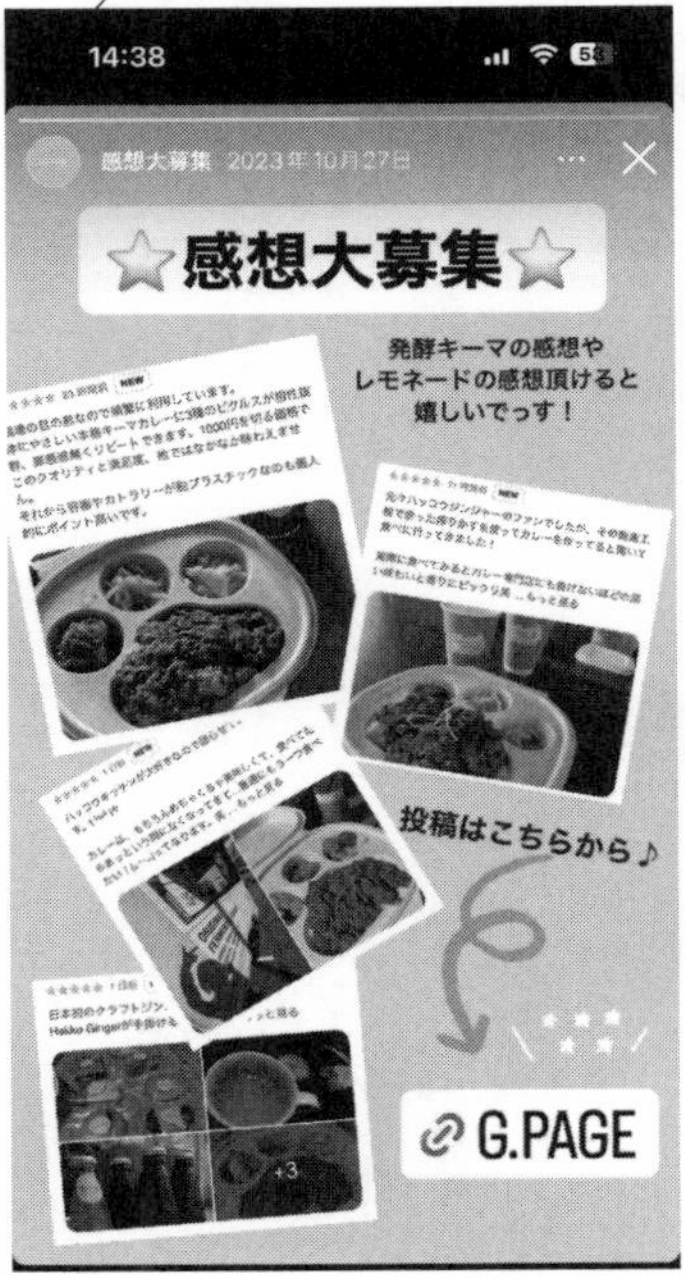

● Googleビジネスプロフィールへのクチコミ募集例

leビジネスプロフィールのクチコミ欄に誘導、「満足できなかった」と回答した人には別途クレーム受付用の回答フォームを送り、個別に対処します。

クチコミやSNS投稿を依頼をする時には、何かしらの理由を添えて依頼することで協力してもらいやすくなります。たとえば「使用感をシェアしていただけると購入を迷っている人の参考にもなります」とか「率直な感想をSNSでシェアいただけるとスタッフの励みになります」など些細なことですが、とても大切なことです。こういった一文を添えるだけでも、貢献意欲のある人は喜んで協力してくれます。

投稿を依頼する際には、こちらがどのような

● 配信からSNSへの投稿依頼例

内容で投稿してほしいのかをイメージできる写真や文章例、ハッシュタグを提示しておくと成果につながりやすいです。

このように「自然に売れるセールスの仕組み」を構築するとＬＩＮＥ公式アカウントへの友だち追加さえしてもらえれば顧客教育からセールス、その後のアフターフォローまでほぼ自動で進んでいきます。一度作り込んでしまえば、あとは友だち追加してくれる人を増やすことに専念するだけでかなりの労力を削減し、売り上げを上げていくことが可能です。友だち追加してくれた人の母数が多ければ多いほど思ってもみなかった人が買ってくれるようなことも多々起こります。

Section 06

未成約者にはアンケートやダウンセルで追撃

●未成約者にはアンケートでニーズ調査をする

この仕組みで集客商品のセールスを行なっても成約に至らない人の方が多く、どれだけ成果が上がったといっても、友だち数の5~10%が成約すれば御の字です。ですが、成約していない残りの友だちも見込み客には変わりないので、その後も別の角度から配信を続けます。

成約しなかった人に送るその後の配信でやっていくべきことの一つ目は、ニーズ調査を行なっていくことです。「配信を読んでいかがでしたか」「何か疑問に思っていることはありませんか?」とシンプルにたずねて、これまで継続して送り続けたシナリオ配信の内容について質問します。成約にならなかった見込み客にとって、こちらから送っていた情報が参考になったのかならなかったのか、他にもっと知りたい情報はないのか、あるならそれはどんな内容なのか、こんなモノあったらいいのにと思うのはどのような商品なのか、こういった内容を問いかけてみてください。

するとまったく反応がないこともありますが「料金が高いので」「もうちょっとサービスがこうであればよかったのに」「満足できる保証がない」「こんなモノがあったら」というような答えが返ってくることがあります。ときにはこちらではまったく想像もしていなかった内容で答えが返ってくることもあり、このような生の声は今後の商品開発にも非常に役立ちます。

●未成約者にダウンセルのオファーをする

その後のシナリオ配信でやっていくべきことの二つ目は、成約しなかった人向けのダウンセルです。ダウンセルについてはすでに触れたとおり、成約しなかった人に向けた、安価で手頃な商品、お試し商品、過去に販売していた商品などを訴求することです。事前にダウンセルの商品は準備してシナリオ配信を組んでおき、友だち追加されて一定期間が経っても成約に至らなかった人向けに配信することでそのうちの一定数は成約に至ります。ダウンセルの提供を通じて信頼関係を構築できれば、最終的に集客商品や収益商品の販売につながることもあります。

Chapter 6

継続的に関係性を高めて収益商品をセールス

Section 01

収益商品をセールスするまでのフロー

●収益商品をセールスするまでのフロー

「収益商品」は、LINE公式アカウントに友だち追加をしてくれた見込み客に集客商品の提供を通して信頼関係を構築した上での、次にセールスする高単価、高利益、継続商品です。

最初に、収益商品をセールスするまでのフローです

集客商品を買っていただき、サンキューメッセージを送り、商品やサービスの提供を済ませたら顧客満足度アンケートを実施し、次に訴求する収益商品を決めます。顧客満足度アンケートの結果から、悩みの解消や手に入れたい未来に応えられる商品を収益商品として訴求してください。もしニーズに応えられる商品がなければ、新しい

商品を作ったり仕入れたりします。続いてこの収益商品の購入につながるようなシナリオ配信を作成し、それぞれの悩みごとにセグメントを分け、配信をします。

収益商品をセールスするためのシナリオ配信の内容構成についてはこのあと解説します。

ここで収益商品をセールスするまでのフローを具体的な例で整理してみましょう。

仮にですが、あなたがゴルフクラブを販売するショップを経営していたとします。

まず、集客商品であるドライバー（一番遠

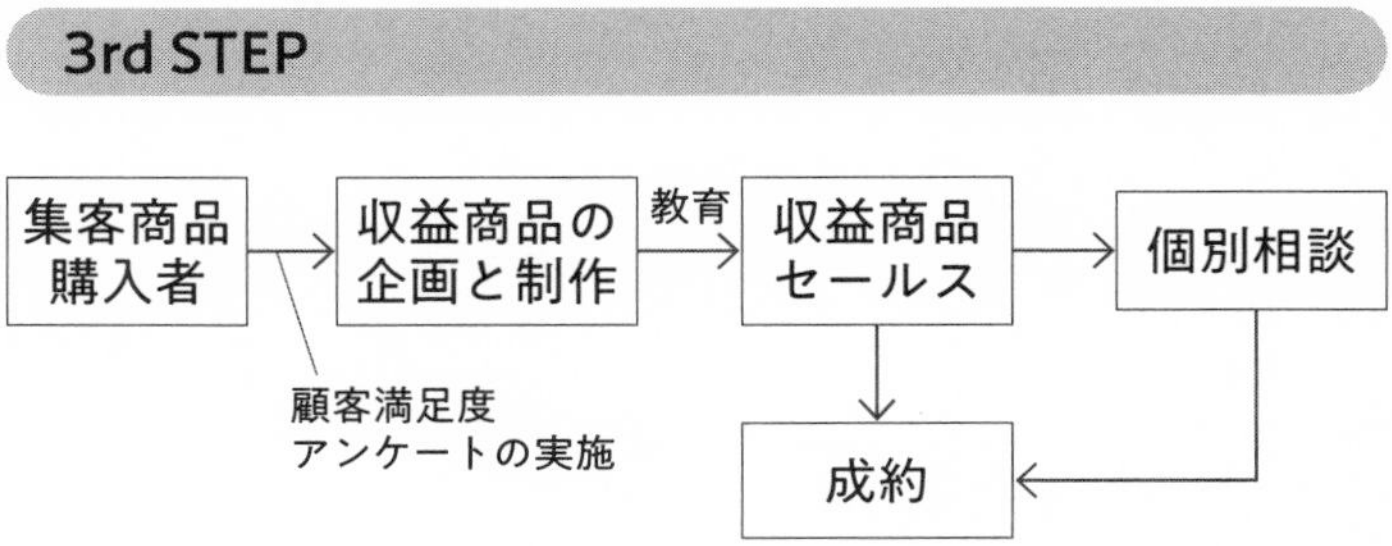

くに飛ばせるクラブ）を購入していただいた人にＬＩＮＥ公式アカウントへ友だち追加を促します。次に、購入のお礼や注意事項などを記載したサンキューメッセージを送ります。その後、ある程度時間がたった頃に、実際にクラブを使ってみてどうだったのか、顧客満足度アンケートを実施してみてください。すると「満足した」と答えてくれる人もいれば、「飛距離アップをしたくて購入したけど、思ったほど飛ばなかった」「右にスライスしてしまう癖を直したくて購入したけど、今度は左にフックしてしまうようになった」など、課題や悩みを伝えてくれる人もいます。これらが収益商品になりうる見込み客のニーズです。こういった購入者の声を集めていくと、どこにどんなニーズがあるのかある程度わかってくると思います。そのニーズを解決に導くためにはどんな商品があれば良いか考え、収益商品を企画・開発していきましょう。

ショットを改善するためにドライバーを購入したもののなかなか改善されないというニーズを解決するための商品やサービス、たとえば今回の例では、「ゴルフ上達のための教材とプライベートレッスンの特別セット」などが収益商品の例です。これはあくまで一例ですが、どんな業種・業態でも同様で購入ハードルの低い集客商品を買ったものの解決したかった課題が解決できずに困っている顧客は大勢います。そういった課題の解決につながる商品やサービスを企画し、配信を通して情報発信を行い、ニーズの掘り起こしや顧客教育を行なっていきます。

Section 02

収益商品をセールスするためのプロセス発信

●収益商品は四つのプロセスを踏んだシナリオ構成でセールスする

収益商品は次の四つのプロセスを踏まえた構成でシナリオ配信をつくり、セールスをしていくと効果的です。

収益商品のセールスのための四つのプロセスを踏んだシナリオ構成

1 お客様の声、次のステージに進むための新たな課題や悩みの紹介
2 解決策の提示、課題や悩みを解決するための具体的なノウハウの紹介
3 収益商品の紹介、開発経緯、収益商品の効果を証明する根拠と販売方法の解説
4 販売開始の案内と購入特典の紹介

さきほどのゴルフショップを例に解説をします。

ドライバーを購入してくださった人へ顧客満足度アンケートを実施したあと、その回答から見込み客のニーズを踏まえ「ゴルフ上達に向けた教材とプライベートレッスンの特別セット」を収益商品として企画・開発したとします。この商品をセールスするために、先ほど紹介した四つのプロセスを踏んだ構成で、シナリオ配信を作る上で具体的にイメージできるように文章案を紹介しますので参考にしてください。

[プロセス1]：お客様の声、次のステージに進むための新たな課題や悩みの紹介

顧客満足度アンケートで受け取った実際の購入者の声と、そこからわかる課題や悩みを紹介します。

・シナリオ配信の例

当店でドライバーを購入いただいたお客様から、「いくら練習しても思うように

「飛距離が伸びない……」「飛距離はあるんだけどいつもスライスしてしまう……」という声がよく届きます。

もしかして、あなたもそんなお悩みをお持ちではありませんか?

実は当店でドライバーをご購入いただいたお客様のうち90%以上の方が何かしらの自分で解決できないお悩みをお持ちです。

そういったお悩みを解決するために○○プロに監修をいただき、見直すべき20のスイングの癖と対処法を動画と資料にまとめて作りましたので、次回プレゼントしますね!

ぜひ楽しみにしていてください。

［プロセス2］：解決策の提示、課題や悩みを解決するための具体的なノウハウを紹介

最初の配信で紹介したお客様の声、そこからわかる課題や悩みを解決するための具体的なノウハウを紹介します

・シナリオ配信の例

お待たせしました！

今回は○○プロに監修していただいたゴルフ上達に向けた見直すべき20のスイングの癖と対処法を動画と資料にまとめましたので、こちらのリンクよりお受け取りください！

まずは最低三回通して動画を視聴した後に、資料を見ながらご自身のスイングの癖を観察してみてください。

きっとどれかに当てはまるはずですので、その癖に合った対処法を見ながら何度も何度も練習してみてくださいね！

［プロセス3］：収益商品の紹介、開発経緯、収益商品の効果を証明する根拠と販売方法の解説

準備した収益商品を紹介し、開発するにいたった経緯や過程、購入後の効果を証明する理由を示し、販売方法を解説します

・シナリオ配信の例

先日お届けしましたゴルフ上達に向けた見直すべき20のスイングの癖と対処法の動画はいかがでしたでしょうか？

どれだけ練習場に通っていても自己流には限界がありますし、やっているうちに何が正解かわからなくなってしまいますよね。少しでもそういった方々のお役に立てたなら嬉しいです。

そして今回当店でドライバーを購入してくださった方限定に大変お得なお知らせです。今回もっとゴルフが上手くなりたい方に向けて特別なプランを動画と資料を監修してくれた〇〇プロと一緒に企画しました。今回お送りしました動画を更に詳しく解説したＤＶＤとすべてのレベルの方に対応したシングルプレイヤー

までのロードマップ、更には月に二回のプライベートレッスンまでついた特別プランです。

○○プロはこれまで1000人を超えるキッズからプロまで幅広い指導実績を持ち、ご自身も現役時代はトーナメント優勝を四度経験したトップアスリートです。

たった一回のレッスンで今までの悩みが嘘のように上達した！　などの声が続出するわかりやすい丁寧なレッスンが人気ですが、現在では新規の受付はされていません。

しかし今回特別にこちらの特別プランの共同企画に協力をしてくださることになりました。

申込の方法など詳しい情報は次回またお知らせしますので、楽しみに待っていてくださいね！

【プロセス4】：販売開始の案内と特典紹介

商品の詳細と販売開始案内、販売特典を紹介します

・シナリオ配信の例

大変お待たせしました。前回お知らせした○○プロと共同開発した特別プランの詳細をお伝えします。

今回の特別プランの内容は次の通りです。

教材用ＤＶＤは全○○構成で約二時間の内容

こちらには全ての方に対応したシングルプレイヤーまでのロードマップをお付けします。

定価：○○万円相当

月に二回のプライベートレッスン×一年間

こちらは当店最寄りの○○練習場を会場に平日○○時～○○時の間、一回一時間予約制で受けることができます。

初心者からベテランの方まであなたのレベルに合ったレッスンを行いますので、どんなレベルの方でもご安心ください。

定価：一回○○万円相当

更に今回どうしてもゴルフを上達してほしいとの想いから

レッスン内容に満足いただけなかった場合の全額返金保証をお付けします。

何度通っていただいた後でも無条件で対応します。

定価合計：○○万円相当

販売価格：○○万円

但し、この特別なプランは10名限定となりますので興味のある方はお早めにお申し込みください。

※申込締切◯月◯日

・・・お申し込み先のＵＲＬを載せる・・・

ここまでが四つのプロセスの構成でつくったシナリオ配信のイメージです。配信すべき内容は、集客商品をセールスするとき同様、商品やサービスによって変わってきますが、前章で紹介した教育コンテンツ18選を四つのプロセスに取り入れて作り込んでみてください。伝えたい情報量が多い場合には、メッセージをなるべく端的にわかりやすくまとめ、ブログやｎｏｔｅに飛ばしたり、動画で送ることをオススメしています。

四つのプロセスに沿った形であれば、四回の配信にこだわる必要はありませんので、お客様の声など安心材料につながる配信や締切前日や当日のリマインドなども積極的に配信していきましょう。

Section 03

成約率を上げるリスクリバーサル

●提案で不安を取り除く「リスクリバーサル」

収益商品の基本の考え方は利幅のある商品を販売することです。しかしながら、当然見込み客も無駄な出費はしたくないので、購入前には色々な不安を抱きます。ここでは収益商品をセールスする際に役立つ見込み客の不安を払拭する提案「リスクリバーサル」について解説します。

すでにあなたと取引をしていて信頼関係ができているのにも関わらず、お客様が収益商品の購入をためらう理由はどこにあるのでしょうか。

答えはリスクです。お客様は商品やサービスを購入するにあたって、お金や時間を無駄にしてしまうリスクを無意識に感じています。なので購入することで起こりうるリスクをすべて取り除くことができれば、あなたがセールスする商品やサービスを買ってくれる可能性も格段にあがります。

「もし痩せられなかったら全額を返金する」というのがライザップが行なったリスクリバーサルです。このような保証があれば、金銭的なリスクを回避できるし、さらには「痩せなかったら嫌だな」という心理的、感情的なリスクも一度に解消できます。このようなリスクリバーサルはライザップの会員獲得に大きな影響を与えました。

このように「購入することでお客様がかぶるリスクを、提供する側ですべて背負いますよ」と提案することを「リスクリバーサル」といいます。

リスクリバーサルでよく例にあげられるのが、ドミノピザの全額返金保証です。もともと電話注文を受けてピザを宅配するビジネスモデルから始まっていますが、このサービスが始まる前はどこの配達先にも冷めてしまったピザが届けられていました。

熱々ならあんなに美味しいピザも、冷めてしまえばチーズも硬くなり味気ない。そこでドミノピザは、そのリスクをすべて背負ったピザの宅配サービスを世界ではじめて提案しました。注文から30分以内で届けられなかった場合「ピザはそのまま届けるけれど、代金は一円もいらない」。当時ではかなり画期的な提案だったと思います。これでドミノピザは、顧客のニーズをつかんで大成功しました。

参考までに誰もが知る企業のリスクリバーサルの例の図表をP206で紹介します。

このように身の回りの様々な企業でリスクリバーサルが取り入れられています。

● リスクリバーサルの例

ライザップ	
顧客のニーズ	痩せたい。
顧客のリスク	痩せられなかったらお金を無駄にしてしまう。
リスクリバーサル	痩せられなかったら全額返金。
ドミノピザ	
顧客のニーズ	美味しいピザを食べたい。
顧客のリスク	冷めて美味しくないピザが届く。
リスクリバーサル	30分以内に届けられなければ、 商品はプレゼント+全額返金。
ジャパネットたかた	
顧客のニーズ	家電を買い替えたい。 なるべく費用を抑えたい。
顧客のリスク	今使っている商品の処分に手間とお金がかかる。 まとまったお金を払うと金銭的負担が大きい。
リスクリバーサル	今持っている商品がどれだけ古くても一万円で下取り。 分割手数料を負担。
ドモホルンリンクル	
顧客のニーズ	自分に合った化粧品が欲しい。
顧客のリスク	買った商品が自分に合っていなかったらお金も商品も無駄にしてしまう。 正しいスキンケアの方法がわからず効果を実感できない。
リスクリバーサル	三日間のお試しセットを無償提供。 最も効果を体感できるスキンケアの方法をまとめたガイドをプレゼント。
エクスペディア	
顧客のニーズ	なるべく安く予約したい。 早めにいい部屋を抑えたい。
顧客のリスク	旅行日程が変更になるかもしれない。 探せばもっと安い部屋が見つかるかもしれない。
リスクリバーサル	予約前日までキャンセル料無料、 他サイトより高額であれば、 差額の二倍のお金を返金する。

リスクを取り除くと購入へのハードルが下がる

リスクを取り除くと、購入へのハードルが下がります。さらにそれ以上の保証ができると効果はより高まります。たとえば全額返金保証があるうえに、購入するために使った時間や労力、失った信頼を埋め合わせられるような二倍返金などが例です。

このリスクリバーサルの素晴らしい点として、お客様との約束を確実に果たすために、期待以上のサービスや品質を提供できるようにこちら側が成長できることです。これまで以上の質のよいものが提供できるようになれば、結果、よい業績を残せるようになります。そうなれば、必然的に提供価格も上げられるし、事業の成功につながっていきます。これがリスクリバーサルを強く勧める理由です。

ただ、いざリスクリバーサルを提案しようと思っても「もし実際に返品があったり、二倍の返金をしなくてはならなくなったりしたらどうしよう」という不安もあると思います。しかし、きちんとした商品・サービスの提供をしてお客様のニーズに応えるビジネスをしていれば、返金や返品を要求されることはごく少数ですし、それらのデメリットもリスクリバーサルを取り入れるメリットと比べれば微々たるものです。

●僕が提案している「リスクリバーサル」の例

収益商品をセールスするときに、僕が提案しているリスクリバーサルの例を紹介します。大きく分けて、保証、フリートライアル、カスタマーサポート、その他、と四つのカテゴリーに分けて紹介しますので、参考にしてください。

①「保証」の提案

・代金全額返金保証

先に代金を支払っていただき、実際に効果が得られなかった場合に全額を返金する。通信販売などにもよく使われている。そもそも代金を全額後払いとしたうえで、満足した場合のみ支払っていただくという方法もある。

・代金二倍返済保証

商品やサービスに満足しなかった場合に支払い金額の二倍を返金する。一度利用してもらえば絶対に価値を感じていただけるような商品やサービスに対する絶対的な自信を持っているときに有効な提案。返金はするが、商品は返品しなくて良いような例も多い。

・返品保証

一定の期間・基準の範囲内で、破損・故障した商品を代替品と交換する。スマートフォンなどの精密機器によく使われる。

・修理保証

一定の期間・基準の範囲内で、正しく使用しているのにも関わらず、故障や不具合が発生した商品を無償で修理する。家具・家電・自動車などによく使われる。

②「フリートライアル」の提案

・無料トライアル

販売している商品やサービスを、定められた期間中、購入した時と同様に使える提案。動画配信サービスやスマートフォンゲームなどによく使われる。

・無料体験

販売しているサービスや商品を購入前に無料で体験できる提案。スポーツジムや学習塾、車の試乗や音楽教室の無料体験などテレビのＣＭや折込チラシなどでも頻繁に見かける王道の手段。

・試供品の提供

お菓子、飲料、調味料など実際に試飲や試食を提供したり、化粧水や美容液などのサンプルを提供する提案。スーパーマーケットなどでは目の前で調理した試食品を見込み客に提供し、販売につなげる手法がよく行われている。

③「カスタマーサポート」の提案

・言語サポート

海外の顧客向けに多言語によるサポートをする。近年では安価で自動翻訳機が手に入るようになったため、外国語対応のハードルが下がった。外国語メニューを用意するなども言語サポートに含まれる。

・担当者制度

顧客それぞれに対して専任の担当者をつける。美容室やエステサロンなどのサロン系ビジネスはもちろん、銀行やビールメーカーなど企業間取引においても担当者をつけることで、より細やかなサービス提供を行なっている企業が多い。

・フリーレクチャー

商品やサービスの使い方を無料で説明する場を設ける。商品の取り扱い説明書やチュートリアルを配布するような手法から、高齢者向けのスマートフォン講座やフリマアプリの運用講座など対面でのレクチャーも多くある。

④「その他」の提案

・初回購入者割引

初回購入者に限り割引をする提案。通信販売やサロンビジネスでもよく使われる。

・割賦払い、クレジットカード払い

代金の支払いを一括だけではなく、分割やクレジットカード払いにする提案。最近では、クレジットカードの他、ＱＲコード決済に対応していることなども見込み客の安心につながるケースが多い。クレジットカード決済を行う時に手数料を上乗せしたり、ディナータイム限定や○○円以上の場合のみ利用可能といった使用制限をかけるとクレジット会社の規約に反するので注意が必要。

・保証期間の延長

家電や精密機械など購入金額の高いものを販売する際に、メーカー保証期間に上乗せして自社で保証をつける提案。

・会員登録不要であることを提示

商品やサービスを販売する際に会員登録不要であることの提案。動画視聴サービスやオンラインサービスなどによく使われる。

・無料相談・問い合わせ窓口に「売り込みは一切しません」の表示

無料の相談や問い合わせをしたら売り込みがあるのではないか、という不安を払拭させるための提案。生命保険や住宅リフォームなどのウェブサイトなどによく使われる。

・価格に見合った商品であることの証明

販売している商品やサービスが高すぎるもしくは安すぎるという不安を払拭するために、その価格になる理由を公開する提案。在庫処分や決算セール、創業感謝祭など通常とは違った価格で販売する際などによく使われる。

・購入品の内容が他人にわからないようにするための包装の工夫

購入した商品が何であるかを他人に知られたくない人のために包装を工夫する提案。生理用品やアダルトグッズ、書籍などによく使われる。

・下取り価格と値引き設定

現在使用しているものを下取りに出すことを条件に商品の割引きをする提案。スマートフォン、家電、スーツ、車などによく使われる。

Section 04

・未成約者には個別相談でクロージング

●成約をしなかった人にはクロージングして購入への不安を取り除く

ここまで見込み客に集客商品を購入してもらい、その信頼を通じて収益商品を購入してもらうまでのプロセスを解説してきました。しかし、シナリオ配信で顧客教育をして、リスクリバーサルも提案し、さらには魅力的な購入特典をつけていても、成約する割合よりも成約しない割合の方が高いことがほとんどです。未成約者には、配信へのタップ数など関心度が高いと思われる順に個別でメッセージを送り、コミュニケーションを取り無料説明会や無料相談会などに誘導したり、体験ワークショップや見学会など購入の一歩手前にあたるような交流の機会を作ることで成約率を高めることができます。交流後、興味関心のある人にのみクロージングを行い、購入への不安を取り除くことで成約につながります。

クロージングの基本は、質問を通じて見込み客の課題を掘り起こして、購入後に手に入る未来を想像させることです。どんな自分になれるのか、購入して得られる価値を提示して行動を促します。収益商品のように高額な商品を販売する場合には、個別相談など見込み客の悩みを伺うようなフェーズを挟んだうえでクロージングすると成約率があがる傾向です。

●クロージングを成功に導く「個別相談」のフロー

実際にクロージングを成功させるために行なっていく事前準備と個別相談終了までのフローです。

1. 相手の情報を把握する
2. 個別相談の「もくじ」をつくる

3. 気付きを与える質問項目を準備する
4. 個別相談をシュミレーションし、成約のイメージをつかむ
5. 話しやすい環境で個別相談に挑む
6. 質問を通して相手の課題を明確にし提供できる商品やサービスの購入を提案する
7. 購入の意志があるかを確認する

1. 見込み客の情報を把握する

事前準備としてまず最初にやるのは、見込み客の情報を把握することです。受け取った名刺やＳＮＳの情報から検索をして出てきた情報は隅々までチェックし、見込み客の課題やニーズを把握しましょう。相手の考え方、ライフスタイル、会社の方針、ターゲットとしているお客様層、ビジネスモデルなど、全て把握はできない場合でも事前に想像しておくことが大切です。

実店舗などであれば、Ｇｏｏｇｌｅビジネスプロフィールなどに投稿されているクチコミもチェックしておくと良いです。

2. 個別相談の「もくじ」をつくる

次に、個別相談で順を追って話を進めていけるように「もくじ」をつくります。「もくじ」をつくるときにはマインドマップを使うと便利です。マインドマップとは、自分の中にある思考や情報を図表で体系化したもので、取り上げたい事柄を図表の中心に据えて、そこから派生するアイデアや思考、集まってきた情報などを枝のように分岐させて図表に描いていくものです。マインドマップを手軽に使えるアプリケーションにはさまざまありますが、僕が使っているのは「マインドマイスター」というツールです。その日の個別相談で聞きたいことをマンドマイスターにあらかじめまとめ、話の順番を整理して、流れを明確にします。

3. 気付きを与える質問項目を準備する

個別相談の「もくじ」を作ったら、次はその「もくじ」にそって質問事項を考えます。成約から逆算して、どんな質問を行えば見込み客の課題やニーズを明確にできるか考えてみてください。今回の個別相談に申し込んだ理由、感じている課題は何か、どうなったら理想なのかなど、こちらから説得するのではなく、質問を通して見込み客自身に気付きを与えることが大切です。

質問事項を考えるときに、僕が意識しているポイントが五つあります。次のヒアリングテンプレートを参考にして質問を考えてください。

クロージングのヒアリングテンプレート

①あなたの持つ人生のビジョンは何か
②あなたが現状で感じている課題は何か
③あなたがその課題を感じたきっかけは何か
④何がどうなったら理想なのか
⑤あなたはその理想を実現したら、次は何をしたいのか

クロージングは経験を積めば積むほど確実に上手くなります。知人や仕事仲間にお

願いして色々なタイプの見込み客になりきってもらった上で、何度もロールプレイングを繰り返すことがオススメです。

4. 個別相談をシュミレーションし、成約のイメージをつかむ

個別相談からクロージングの成功までのシュミレーションをしておきましょう。ここではあくまで自分目線のシュミレーションで構いませんので、見込み客から質問されるであろう内容を想像し、どのような流れでクロージングをするのか何度もシュミレーションを行なってください。そうすることで必要になる資料なども見えてきますので適切なものを揃えておきましょう。

5. 話しやすい環境で個別相談に挑む

ここからは、実際に個別相談に入ってからのフローです。

まず大前提としてお互いの話に集中できる環境で個別相談を行いましょう。対面であれば、お互いのオフィス、またはカフェなどが定番ですが、ホテルラウンジなども

オススメです。オンラインの場合には、インターネットの接続状況やマイク、カメラの設定を確認し、必要に応じてライトスタンドなどを用意しましょう。

相手と顔を合わせたらまずアイスブレイクから入ります。季節の移り変わりや天候のことはよくあるアイスブレイクですが、出身地や出身校、趣味など何でもいいので、事前に仕入れた情報をもとに共通点をみつけてそれを話題にすると、こちらに親近感をもってもらえます。相手の緊張がほぐれると、こちらからも話しがしやすくなり、個別相談も盛りあがりやすいです。

アイスブレイクで場が温まったところで、事前に作っておいたマインドマップの「もくじ」をもとに個別相談をはじめます。事前に作っておいた質問を投げかけてヒアリングをしていきましょう。注意すべきは自分の話ばかりせずに、とにかく相手の話を聞くことに徹して相手の気持ちに寄り添い、共感し、あなたが良き理解者である姿勢を示して話しやすい環境をつくることです。

このヒアリングのなかで、実現したい未来を知り、今の課題や悩みの原因を探って、相手の思い描く未来のために必要なものは何かをつかんでいきます。

6．質問を通して相手の課題を明確にし提供できる商品やサービスの購入を提案する

質問を通して明確になった課題を解決し、理想を実現するための商品やサービスの内容と価値を提案しましょう。商品やサービスそのものの説明よりも、それらを購入することで、どんなふうに人生が変わるのかを丁寧に説明します。購入に対する不安や心配を全て解消できるように想定できる質問の答えはしっかり事前に準備をしておきましょう。

ここでは、成功事例や利用者の声、第三者からの推奨など安心材料となるような情報もしっかり伝えることが大切です。そして、必要になる費用や費用対効果を伝え、相手のリスクを最小限に抑えるためのリスクリバーサルも忘れずに提案してください。

7．購入の意志があるかを確認する

最後に、提案した商品やサービスに対する購入の意志があるかを確認をしてください。無理に売ろうとせずに、必要がないと感じているようであれば潔く引くことも大切です。「もし、迷われているようなら理由を聞かせていただけますか？」と一言聞く

だけで「お金がない」「時間がない」など不安に感じていることがわかるときもあります。その場合には、購入した先に待っている未来や既に利用してくださっている人の事例を紹介しながら、不安を解消してあげてください。「検討します」と回答された場合にはいつまでに検討をするのか、主にどんな点を検討するのかの確認を行ったうえで個別相談を終わらせ、検討期日にはこちらから成約の方向性を確認する連絡を行ってください。

万が一、成約にならなかった場合でも貴重な時間をいただけたことへの感謝を伝え、良かった点、改善点などを聞いたうえで成約の有無に関わらずより良い関係を築いていきたい意思表示を行なっておくと良いです。個別相談終了後は、共有した資料や議事録などを添えて改めてお礼のメッセージを送りましょう。相手にお願いしたい内容や検討期日なども記載すると丁寧です。僕の場合、紹介者がいる場合には、個別相談の報告と紹介していただいたお礼の連絡を入れ、紹介者からも相手に対して一言連絡を入れてもらえるようにお願いすることを徹底していますが、これはとてもオススメです。

Section 05

継続的に関係性を高めて定期的にクロスセル

●クロスセルでさらに大きな価値を提供する

クロスセルとは購入した商品で得られる価値以上に、さらに大きな価値を受けとってもらうために追加で商品を販売する手法です。

商品を購入してくれた人が、その先に目指す未来はどこにあるのか。クロスセルでは、相手の叶えたい未来や最終的に目指しているゴールに向けて、必要になるであろう商品やサービスを先回りして考えます。すでに購入してもらった商品に、さらに価値を追加して提供できる商品を用意し、適切なタイミングでクロスセルをすれば、利益と顧客満足度を同時に高めることができます。

代表的なクロスセルの例は次の三つです。

①販売した商品やサービスの上位モデル
②関連する商品やサービス
③一度買っていただいた商品やサービスのまとめ売り、セット売り

身の回りのクロスセルの例として、パソコンを購入する際に勧められるパソコンケースやケーブル、インターネット環境のパッケージ、スーパーのレジ横にあってつい手を延ばしてしまうお菓子、マクドナルドのドリンクやポテトのセット、丸亀製麺の素うどんに天ぷら、東京ディズニーランドでは入場チケットの購入者にお土産やレストランでの食事などあらゆる商品をクロスセルとして販売しています。

●満足度を上げる「定期的かつ最適な見込み客へのアプローチ」

商品を購入した人はやがてさらに大きな価値を感じられる商品が欲しくなります。初級者だった人が上達して中上級者向けの商品を使いたくなるのは常ですし、最初の

悩みが解決すると次に浮上する悩みの解決に向けて何かに取り組みたくなります。最終的な目的に向かって欲しいものはだんだんと増えて、こちらに求められる価値も大きなものへと変化していきます。その変化にいち早く気づき、手を差し伸べていくと喜ばれます。そのためには、定期的に連絡をとることで良好な関係性を継続していくことが重要です。

中小零細企業では、人手もないし、資金もない、時間もありません。だからこそ最小の労力、最小のコスト、最短の時間で、成果をあげるためには新規の集客よりも既存客に対するアプローチを見直す方が圧倒的に成果につながることが多いです。

世界で最も優秀な経営コンサルタントと称されるJエイブラハムは「とにかく中小零細が利益を上げるためには、定期的かつ最適な見込み客や既存顧客へのアプローチが大事である」と言っています。何か困っていることはないか、生活やビジネス上に変化はないかなど常に相手を理解しようとする姿勢が成果に直結します。

●継続的な関係性を築こう

継続的な関係性を作るうえで大切な考え方は、「コミュニケーションの質×量」です。質が最も高いのは対面のマンツーマンかつ双方向のコミュニケーション、逆に質が低いのは一対不特定多数の一方通行の情報発信です。本来であればひとりずつ対面してマンツーマンで接触をとりたいのはやまやまですが、その数が増えるほど実際にはできなくなっていきます。そこで、本書で紹介したLINE公式アカウントとLステップを連携させた「自動で売れるセールスの仕組み」を主軸に、さまざまな角度のコミュニケーションを組み合わせていきましょう。見込み客の中でも最も見込み度の高い上位10％の人たちには個別メッセージを送り、個別面談の提案をするだけで成約につながることもあります。顧客の中でも理想的な取引をしてくださるロイヤルカスタマーには定期的な贈り物をしたり、会社訪問をするなどして継続的な関係性を築いていってください。

Section 06

ジョイント・ベンチャーでレバレッジをかける

●レバレッジが効く理由

Chapter2「自動で売れるセールスの仕組みと商品構成」で、収益を最大化する収益商品としてジョイント・ベンチャーを紹介しました。このジョイント・ベンチャーでレバレッジがかかる理由は、元手となる資金がなかったとしても、アイデア次第で莫大な利益があがる可能性があるからです。

現時点で、自社にないものや弱い部分をその都度学んで実践して培っているようでは、時間がいくらあっても足りません。しかし、必要なリソースはすべて外で手に入る時代ですので、他社との協業で自社にない部分を補完しあえば、コストをかけずにスピード感を持って、大きなビジネスチャンスを掴めるようになります。

●ジョイント・ベンチャー商品を見つける

他社との協業で商品をつくるときのポイントは、あるひとつのニーズの対極には逆のニーズがあるという考え方です。たとえば、顧客リストを集めたいと思っている人がいれば、その対局には、使っていない顧客リストを活用したいと思っている人がいる。家を売りたい人の対局には、家を買いたい人がいる。このように一方のニーズを自社で満たし、もう一方のニーズを協業する相手が満たすことが前提で、お互いがWin-Winになる商品やサービスであれば、それはジョイント・ベンチャーとして成立します。

ジョイント・ベンチャーになりうる商品条件は様々ありますが、お互いの業種業態や商品、サービスの内容や顧客層を十分に考慮して、主に次のような条件にあてはまる商品やサービスを、ジョイント・ベンチャー商品として活用すると大きな利益を上げていくことができます。

ジョイント・ベンチャー商品になりうる商品の条件

・お互いがWin-Winになる商品
・競合する商品ではなく、お互いの利益を増益していく商品
・もともとある相手の利益を搾取するものではない商品
・コストがかからない商品（利益からコストを払うのはあり）
・販売機会を損失した商品
・現状で評価されていない商品
・自分の商品が相手の利益になる商品

●ジョイント・ベンチャーする相手をみつける

ジョイント・ベンチャーをする相手との関係性に上下はありません。コストをかけずに現存するお互いの資産を使って利益を生み、本来得られなかった利益を折半できるような対等な間柄です。

ジョイント・ベンチャーを組む相手を選ぶときは、状況にもよりますが、商品やサービスありきで相手を選ぶことになります。自社でできないことや弱いところを双方のもつ資産で補完しあい、お互いの強みを発揮できる相手でなければ、ジョイント・ベンチャーは成立しません。

どこでジョイント・ベンチャーを組みたい相手をみつけるかですが、異業種の人たちと交流をする機会を活用するのがオススメです。その人がこれまでどんなビジネスを展開してきたのか、できることはなにか、得意なことや苦手なことについてなどの情報を集めて、強みと弱みを分析しつつ、どんな協業だったらお互いの利益を大きくできるのか、模索してください。普段からいくつものアイデアを貯めておくことが良いジョイント・ベンチャーの相手を見つけるコツです。

●ジョイント・ベンチャーを提案する

組みたい相手がみつかったら、ジョイント・ベンチャーを提案します。もし、共通の知人で既にあなたと相手双方と関係ができている人がいる場合には間を取り持ってもらえるよう依頼するのがオススメです。ただし、間を取り持ってくれた方には逐一状況を報告する連絡を入れて、万が一トラブルになりそうな場合はもちろん、無事にプロジェクトがスタートしたり、成果が上がったタイミングなど、小まめな連絡を入れることと利益が出た場合には謝礼をお支払いすることを徹底してください。

交渉を成功させるためには、次のことをやってみてください。

- 相手のリスクをすべてかぶる
- あらゆる展開を事前に想定する
- 質問には丁寧に答えて、懸念になる不安材料を払拭する
- 最低限の労力で済むように相手の労力を巻き取る
- ビジネスモデルを可能な限りシンプルにする
- 少額でテストし、結果がでることを証明する
- 入金管理を任せる

●ジョイント・ベンチャーを始める

ジョイント・ベンチャーする相手が決まり、提案を受けいれてもらえたら、ジョイント・ベンチャー商品のセールスが始まります。こちらから持ちかけたジョイント・ベンチャーですから、相手には極力負担をかけず最低限の労力ですむように配慮してください。基本的に、商品・サービス・企画の告知や案内、集客はすべてこちらでやり、基本的に相手にかける労力はリソースを提供してもらうだけと考えましょう。

ジョイント・ベンチャーでは、時間、資金、労力をかけずに大きな収益を上げられるほか、あらゆる資産が手に入ります。次にあげるのは、ジョイント・ベンチャーで手にできるものの一例です。

・顧客リスト

競合ではない補完しあえる顧客リストに対して双方が持つ商品やサービスを紹介す

る。ＳＮＳのフォロワーや未成約者リストも活用可能。共同セミナーなどを企画する場合も多い。

・商品やサービス

売れ残った在庫やすでに販売を終了した商品、テストで使用したサンプル品や規格外の商品を特別商品として販売するなど。

・スペース（場所）

営業時間外の店舗や駐車場のスペースを活用したり、売れ残った広告スペース、ビルや商業スペースの壁や空室の間貸しをしたりするなど。

・ノウハウや技術、労働力

自社で持っている独自のノウハウや技術を提供し、販売力を持つ営業会社や代理店に販売を委託するなど。

特に地方の中小零細企業は、資金や人員が余っていることなどほとんどありませんので積極的にジョイント・ベンチャーに取り組めばあらたな増収が期待できます。

●自分ひとりで勝負をしない

ジョイント・ベンチャーが成功し、大きな金額が動けば、こちらに入ってくる利益も大きな額になります。自社商品で商売をしているうちは数百万円単位のビジネスでも、ジョイント・ベンチャーでは数千万円、数億円になるケースもあります。

今や誰もが知っているネームバリューのある上場企業や、財閥も、最初はスモールビジネスからのスタートでした。会社を買収したり一緒に別会社を作ったり合併を繰り返すことで、組んだ相手と様々なリソースを共有しながら成長していった結果が今日です。自社だけで大きくなったところなどはひとつもありません。

ビジネスがうまくいかない人は、全部自社で完結させようとするケースが多くあります。企画から商品開発、広告宣伝から販売、アフターケアなど、何から何まで全部自社でやっていては、スピード感を持って事業を成長させることはできません。

ビジネスを成功させるために大切な考え方は、自分ひとりで勝負をしないということ。仲間を作って、仲間と一緒にビジネスを成長させる。お客様や世間の課題を解決するための素晴らしい商品やサービスを開発し、できない理由ではなくできる方法を考えると、必然的に自分の利益も上がっていきます。

常に向上心を持って事業に向き合う熱意、優れた商品やサービス、時代に合ったシステム、お客様や仲間を大切にする人間力。これらが揃えば業種業態や会社の規模を問わず、どんなに不況であっても必ず成長し続けることができます。まずは、貯まりに貯まった名刺の一枚一枚を見返し、既に関わりを持った方々を改めて大切にするところから始めてみてください。そうすればあなたの事業は必ず成長していきます。

●おわりに

いかがでしたでしょうか？

あなたのビジネスに取り入れられる部分は見つけられましたか？　歴史的な円安や人手不足などあらゆる課題の数々に目まぐるしい今日ですが、こうやって本書を手にとって学びを得ようと思ってくれる方がいることを本当に嬉しく思います。

きっとこれからも僕たちが想像もできないような試練が山のようにやってくるかと思いますが、そのたびに自分を奮い立たせ、全国の経営者の皆様と各々の経営理念の実現のために事業を改善し続け、よりよい社会を実現していきたい。そんな想いから本書を書きました。

事例として紹介させてくださった株式会社ルイールの八谷さん、株式会社デリシャスフロム北海道の前田さん、株式会社コートーコーポレーションの大槻さん、一部情報を公開してくださった株式会社ＴＨＲＥＥＡＰＲＯＷＳの熊坂さん、ハイダ商事株式会社の拝田さん、医療法人ミライエの稲熊さん、合同会社R・ippleの小林さん、荒井ゆたかさん、有限会社小西鮮魚店の小西さん、株式会社ベイコローレの魚住さん、株式会社イットの伊藤さん、学校法人児玉学園の児玉さん、いつも本当にありがとうございます。今回このような書籍を出版できたのは、日頃よりお付き合いいただいているクライアントやサポートに入ってくれているスタッフ、お取引をいただいている関係各社の皆様のおかげです。しっかりと恩返しをしていけるよう、益々気を引き締めて業務にあたってまいりますので、今後とも末永いお付き合いのほどよろしくお願いします。


弊社の経営理念は「マーケティングの力で再び日本を世界一に」です。

僕が生まれたのは1993年、ちょうどバブルが弾けて不景気がはじまったいわゆる『失われた30年』の最初の頃で、小さな頃から不景気不景気と聞かされ、昔は良かったという都市伝説のような話を聞いて育ちました。

僕が生まれる以前の日本は世界各国から道徳の国として、そして経済大国として大きな尊敬を集めていたと聞きます。世界の長者番付や時価総額ランキングには日本人や日本企業が名を連ねていて、あらゆる業界のトップを日本企業が走っていたそうです。当時はジャパンアズナンバーワンという言葉があったとかなかったとか。

でも、今はどうでしょうか？　悔しいですが、僕の周りに日本が世界一だと胸を張って言っている人はとても少ないですし、僕も自信を持ってそう言えるかと聞かれると言葉に詰まります。

ですが、日本人が持つ繊細さや気遣い、おもてなし精神や職人気質、〝三方良し〟や〝勿体ない〟といった日本独自の考え方と洗練されたマーケティング施策を掛け合わせれば、いつか必ず再び世界一の大国に返り咲くことが可能だと信じています。

僕たちが日々命をかけてクライアントと向き合って実践していったマーケティング施策の先に、会社が豊かになり、地域が豊かになり、社会が豊かになっていく。そして、日本人としての誇りを胸に、世界のあらゆる場所・シーンで日本人の心やマーケティングが世界を牽引している。そんな社会の実現に向けてこれからも日々精進していきます。

【著者紹介】
冨田 竜海（とみた たつみ）

茨城県水戸市生まれ。19歳の時に東京・吉祥寺にて宝飾品を売買する事業を始める。

その後、北海道ニセコエリアでの事業展開を目指し、カナダ・ウィスラーにてリゾートビジネスを学んだ後、北海道虻田郡倶知安町へ移住。

複数の飲食店を立ち上げ、レンタカー、クリーニング、富裕層と寿司職人を結ぶマッチングサービス、企業のコンサルティングなど事業を展開する傍ら、26歳で倶知安町議会議員へ当選。コロナ禍を経て、中小企業のWebマーケティングや広報PRを支援するコンサルティング事業に力を入れたことで業績を大きく伸ばす。現在は拠点を大阪へ移し、事業拡大を図っている。

机にたまった名刺が売上にかわる3ステップマーケティング
自動で売れるセールスの仕組みを作る方法

2024年6月30日　第1刷

著　者　　冨田 竜海
編集・制作　ケイズプロダクション
発行者　　籠宮啓輔
発行所　　太陽出版
　　　　　東京都文京区本郷3-43-8　〒113-0033
　　　　　TEL 03（3814）0471　FAX 03（3814）2366
　　　　　http://www.taiyoshuppan.net/
　　　　　E-mail　info@taiyoshuppan.net

ISBN978-4-86723-169-2